모든 부부 갈등
5분 내로 해결하기

Solve Any Marriage Conflict in 5 minutes or less

모든 부부 갈등
5분 내로 해결하기

크레그 힐 (CRAIG HILL) 지음

김민희 옮김

기독서원 하늘양식

Copyright 2025 by Craig S. Hill
ISBN Number: 978-89-94542-36-2

이 책의 저작권은 저자 크레그 힐이 소유하고 있습니다. 이 책을 읽은 분이 작은 분량의 구문을 인용하는 것 외에는 출판사의 허가 없이 이 책의 어떤 부분도 복제하여 사용하실 수 없습니다. 출판사로부터 문서상의 허가를 받지 않고는 이 책의 어떤 부분도 복제하거나 정보 검색 시스템에 올리거나 복사기 등의 형태로 복사하여 사용하실 수 없습니다.

Family Foundations International
8370 W. Coal Mine Ave. Suite 102
Littleton, Colorado 80123

이 책에 나오는 인용 성경 구절은 한글 개역 개정판입니다.

이 책의 예화에 나오는 인물들은 저자가 실제로 아는 사람들입니다. 그들의 사생활 보호를 위해 이름과 중요하지 않은 세부 사항은 변경했습니다. 어떤 예화는 예화 내용의 순서대로 일어난 사건이 아니라 몇 사건을 모은 것입니다. 모든 예화도 실제 사건들입니다.

목차

제 1장	부부 갈등의 근원을 밝히다	07
제 2장	남편의 관점에서 부부 갈등 해결하기	29
제 3장	남편의 관점에서 인간의 연료 탱크 이해하기	49
제 4장	아내의 관점에서 인간의 연료 탱크 이해하기	63
제 5장	사과하고 진정으로 용서받는 방법	77
제 6장	매일 환경에 미친 영향 조사하기	105
제 7장	미래를 위한 부부 관계 언약 세우기	115
	요약	129
	부록	145

제 1 장
부부 갈등의 근원을 밝히다

Solve Any Marriage Conflict in 5 minutes or less

결혼 초기 7년 동안 잰과 저는 갈등으로 힘겨운 시간을 보냈고, 서로에게 많은 감정적인 고통을 주었습니다. 우리 둘 다 그것을 원한 것은 아니었지만, 아무리 노력해도 서로에게 감정적으로 상처를 주는 일을 멈출 수 없었습니다. 잰은 자주 저를 남편으로서 실패한 사람처럼 느끼게 했고, 그녀의 눈에 저는 매우 못마땅한 존재처럼 느껴졌습니다. 나중에서야 저는 제가 그녀를 사랑받지 못하고, 소중하지 않으며, 내 삶에 필요하지 않은 존재처럼 느끼게 하고 있었다는 사실을 깨달았습니다.

우리 둘 중 누구도 상대방을 상처 주거나 무가치하게 느끼게 할 의도는 없었지만 실상은 우리 둘 다 그렇게 하고 있었습니다. 그리고 우리는 그 고통을 어떻게 멈출지 알지 못했습니다. 갈등이 생길 때마다 우리는 항상 상대방이 잘못했고, 상대방이 사과해야 한다고 생각했습니다. 하지만 자신에게는 아무 잘못이 없다고 느꼈기 때문에 회개하거나 사과할 필요성도 느끼지 못했습니다.

그 시절, 잰은 갑자기 느닷없이 제가 그녀를 사랑하지 않고, 그녀에 대해 신경 쓰지 않으며, 오직 저 자신의 삶과 계획에만 관심이 있고, 자기 합리화만 한다고 비난하곤 했습니다. 저는 그것이 언제나 사실이 아닌 억울한 비난처럼 느껴졌습니다. 제 관점에서는 그것이 사실이 아니었기 때문이었죠.

다른 한편으로, 나중에 잰에게서 들은 바로는, 저는 그녀에게 매우 무신경하고 무례하며 상처를 주는 말과 행동을 했다고 합니다. 하지만 그녀가 제게 그것을 말하려고 할 때면, 저는 그녀의 마음을 잘 듣지 못했고, 제가 그녀를 어떻게 상처 줬는지를 이해하기보다는 설명하고, 변호하고, 저 자신을 정당화하려 했습니다. 이런 반응은 그녀의 감정을 무시하는 결과를 낳았고, 그녀로 하여금 제가 그녀에 대해서는 전혀 신경 쓰지 않고 저 자신만을 생각하는 사람이라는 확신을 더욱 굳히게 만들었습니다.

결혼한 지 7년이 지나서야 우리는 어떻게 서로에게 상처를 주고 있었는지를 이해하는 데 있어 중대한 돌파구를 얻게 되었습니다. 그 과정을 통해 우리는 갈등을 아주 빨리 해결할 수 있는 몇 가지 전략을 배우게 되었습니다. 이후 수십 년에 걸쳐, 우리는 전 세계의 부부들에게 이 원리를 가르쳤고, 탁월한 결과를 얻을 수 있었습니다.

세계관과 개인적 관점

이 책을 읽고 있는 모든 사람은 삶, 부부관계, 그리고 인간관계를 바라보는 고유한 관점과 세계관을 가지고 있다는 것을 저는 압니다. 이 책을 쓰면서, 저의 개인적인 영적 관점과 분리된 상태로 글을 쓰는 것은 불가능하다는 것을 저는 알게 되었습니다. 저희 부부가 갈등을 해결하는데 있어 배우게 된 많은 원리들은 영적인 경험을 통해 얻어진 것들이며, 그것들은 그 일들이 일어났던 상황에서만 설명이 가능한 것입니다.

또한 저는 성경에 담긴 고대의 지혜로부터 몇 가지 중요한 통

찰을 얻게 되었습니다. 그러나 여러분이 이 책으로부터 유익을 얻고 갈등을 해결하는 방법을 배우기 위해 반드시 하나님을 믿거나 성경을 공부하지 않아도 됩니다. 제가 이 책에서 나누는 핵심들은 삶의 관점이나 세계관과 관계없이 모든 인간에게 적용 가능한 보편적인 원리들이기 때문입니다.

그러므로 만약 여러분이 저의 경험과 개인적인 세계관에서 비롯된 갈등 해결의 열쇠들을 나누는 것을 허락해 주신다면, 저는 여러분이 이 원리들을 자신의 삶과 관계에 알맞게 활용할 수 있도록, 제 경험과 관점을 여러분의 세계관에 맞게 해석해 보시기를 권유드립니다.

숨은 무기상이 당신의 진짜 적이다

잰과 제가 깨달은 첫 번째 원리는, 우리 부부가 눈에 보이지 않는 적과 영적 전투를 하고 있다는 것이었습니다. 그 적은 끊임없이 우리가 서로에게 상처를 주도록 유도하고 있었습니다.

우리 둘 다 에베소서 6장의 영적 전쟁에 관한 본문을 여러 번 읽었지만, 그것을 어떻게 적용할지에 대해서는 잘 이해하지 못했습니다. 그 본문은 우리에게 다음과 같은 사실을 알려줍니다

> 10 끝으로, 너희가 주 안에서와 그 힘의 능력으로 강건하여지고
> 11 마귀의 간계를 능히 대적하기 위하여 하나님의 전신 갑주를 입으라
> 12 우리의 씨름은 혈과 육을 상대하는 것이 아니요, 통치자들과 권세들과 이 어둠의 세상 주관자들과 하늘에 있는 악의 영들을 상대함이라 (에베소서 6:10-12)

우리는 둘 다 어둠의 나라의 세력이 우리를 미워하며 우리 부부 관례를 파괴하려 한다는 것과, 이 영적 원수에 맞서 싸워야 한다는 것을 대체로 이해하고 있었습니다. 그러나 잰과 제가 다툴 때마다 우리는 그 성경 구절을 기억하지 못했고, 대신 혈과 육, 즉 서로를 대항해 싸우고 있었습니다.

이 일이 어떻게 일어나고 있었던 걸까요? 우리 둘 다 원하지 않았음에도 불구하고 말입니다. 위의 11절은 우리가 마귀의 계략(간계)을 굳건히 대적해야 한다고 말합니다. 저는 어둠의 영적 세력이 우리가 전혀 의식하지 못하는 어떤 계략을 사용하여 우리를 공격하고 있다는 것을 깨달았습니다. 하지만 과연 무엇이었을까요? 그것이 어떻게 작용하는 것이었을까요? "마귀의 계략을 굳건히 대적한다"는 것이 실제로 무엇을 의미하는 걸까요? 저는 전혀 알지 못했습니다. 저에게 이 말들은 그저 듣기 좋은 말일 뿐, 어떻게 실제적으로 적용해야 할지 몰랐습니다.

그러던 어느 날, 미국 역사를 다룬 영화 한 편을 보던 중에 갑자기 이 성경 본문의 실제적인 의미가 뭔지 제 눈이 뜨였습니다. 그

영화는 1775년 미국 독립전쟁이 발발하기까지의 사건들을 그린 드라마였습니다.

누가 이 전쟁을 시작했을까요? "전 세계에 울려 퍼진 총성"으로 알려진 첫 총탄을 누가 쐈을까요? 확실히 아는 사람은 없습니다. 양측 모두 상대방이 먼저 쏘았다고 주장했습니다. 하지만 영화에서 묘사된 전쟁 발발 장면은 다음과 같았습니다.

영국군 보병여단이 매사추세츠 주 렉싱턴을 향해 행군하고 있었습니다. 그들은 도중에 소규모의 무장한 식민지 민병대와 마주쳤고, 양측의 두 장군이 협상을 벌이고 있었습니다.

그런데 아무도 알지 못하는 사이, 숲 속 작은 담벽 뒤에 무기상이 숨어 있었습니다. 그는 어느 쪽도 신경 쓰지 않았고, 오직 전쟁을 일으켜 양쪽에 무기를 팔기만을 원했습니다. 숨은 자리에서 아무도 보지 않는 틈을 타, 그 무기상은 영국군 부사관에게 총을 쏘아 그를 죽였습니다.

그 장교가 죽은 것을 본 영국군 장군은 즉시 미국 쪽에서 총을 쐈다고 판단했습니다. 그래서 그는 협상을 중단하고 병사들에게 사격 명령을 내렸고, 병사들은 그 명령에 따라 총을 쏘았습니다. 물론 미국 민병대 장군도 같은 명령을 내렸고, 그렇게 전쟁이 시작되었습니다.

누가 먼저 총을 쐈을까요? 만약 영국군 장군에게 "당신이 먼저 총을 쐈습니까?"라고 묻는다면, 그는 "절대 그렇지 않습니다!" "그들이 내 장교에게 총을 쐈고, 우리는 정당방위로 대응한 것뿐입니다."라고 대답할 것입니다. 만약 같은 질문을 미군 장군에게 한다면, 그는 "아니요, 아무 이유 없이 영국군 장군이 협상을 중단하고 병사들에게 우리를 향해 사격 명령을 내렸습니다. 우리는 정당방위로 대응했습니다."라고 대답할 것입니다.

그렇다면 누가 옳은 걸까요? 각자 자신의 관점에서는 모두 옳습니다. 영화를 보던 중에 하나님께서 저에게 말씀하시는 걸 느꼈습니다. "너희 부부 관계에서 매일 일어나는 일이 바로 이것이다. 이것이 바로 에베소서 6장 11절에 나오는 '마귀의 계략'이다."

갑자기 저는 잰과 저 사이에 갈등을 유발하는 계략이 무엇인지 이해할 수 있었습니다. 마치 그 무기상이 우리 집에 살고 있는 것 같았습니다. 숨은 위치에서 그는 우리 중 한 사람을 이용해 의도치 않게 상대방에게 상처를 주지만, 우리는 그 일이 일어났다는 사실조차 알지 못했습니다. 잰과 저 둘다 완전히 보지 못하는 영역에서 벌어지고 있던 일이었습니다. 하지만 이 계략은 이 두 정군처럼 우리가 상대방을 탓하게끔 부추겼습니다. 왜냐하면 우리 둘 다 무기상의 존재를 인지하지 못했기 때문입니다.

만약 영국군 장군이 미군 장군을 찾아가 자기 장교를 총으로 쐈다고 비난한다면, 미군 장군에게는 그것이 억울한 누명처럼 들릴 것입니다. 그는 자기 병사들이 절대 총을 쏘지 않았다고 강력히 부인할 것입니다. 두 사람 모두 무기상의 존재를 알지 못하기 때문에, 영국군 장군은 이렇게 말하고 싶을 겁니다.

"봐라, 내 장교가 가슴에 총을 맞고 죽어 누워 있는데, 너희 병사들만 현장에 있었다. 그런데 어떻게 총을 쏘지 않았다고 부인할 수 있는가?"

이 얼마나 교묘한 계략인지 생각해 보십시오. 만약 무기상이 저를 이용해 잰에게 상처를 주는데 제가 그랬다는 것을 모른다면, 제가 한 행동을 인정하고 책임을 지며 사과할 가능성은 전혀 없습니다. 왜냐하면 제가 잘못했다는 것을 인지하지 못하기 때문입니다. 제가 잰에게 감정적으로 총상을 입혔다고 잰이 저를 비난할 때마다, 저는 그것이 억울한 비난처럼 느껴졌습니다. 반면 잰은 제가 그녀를 상처줬다는 것을 항상 인정하지 않고 책임을 회피한다고 느꼈습니다.

제가 에베소서 6장 11절의 이 계략을 발견한 이후로, 많은 부부들의 삶에서 이 계략이 작용하는 것을 봤습니다. 부부 상담을 할 때마다 저는 자주 "이 갈등이 어떻게 시작되었나요?"라고 물었습니다. 거의 예외 없이, 그들은 상대방이 먼저 총을 쐈다고 서로를 탓합니다. 이것을 보면 무기상이 어느 한 쪽을 이용해 상대방에게 총을 쏘게 만들었지만, 둘 다 자신들에게 사용된 에베소서 6장 11절의 계략을 전혀 인지하지 못하고 있다는 걸 알 수 있습니다.

이 현상은 부부 관계에만 국한되지 않고 다른 모든 인간관계에서도 나타납니다. 예를 들어, 두 아이가 싸움을 벌였다고 합시다. 엄마가 와서 "누가 먼저 시작했니?"라고 묻습니다. 아이들은 서로 상대방을 탓할 것입니다.

또 술집에서 두 남자가 싸움을 벌였을 때 경찰이 와서 "누가 시작했습니까?"라고 묻는다면, 두 사람 모두 상대방을 탓할 것입니다.

혹은 교회가 분열되었을 때 외부 중재자가 와서 "누가 시작했습니까?"라고 묻는다면, 양측 모두 서로를 탓할 것입니다. 이것은 관계를 파괴하기 위해 흔히 사용되는 계략입니다.

우리가 서로에게 감정적인 상처를 주도록 무기상에게 속고 있다는 것을 깨달은 후, 저는 이 계략이 어떻게 작용하는지 더 자세히 알고 싶었습니다. 어떻게 제가 잰에게 감정적으로 상처를 주면서도 그걸 인식하지 못하는 걸까요?

그 다음의 중요한 돌파구는 두 가지 다른 레벨의 의사소통에 대해 이해하게 되었을 때 찾아왔습니다. 이것이 바로 어떻게 무기상이 우리를 이용해 서로를 상처 주는데 우리가 그 사실을 보지 못하는지의 관계의 역동을 이해할 수 있게 된 해답이었습니다.

두 가지 레벨의 의사소통

저는 의사소통에는 매우 뚜렷하게 구분되는 두 가지 레벨이 있다는 것을 이해하게 되었습니다. 의사소통을 연구하는 사람들은 보통 일곱 가지 다른 레벨의 의사소통을 말하지만, 이 책에서는 매우 간단하게 두 가지 레벨만 다루고자 합니다. 제가 '주제적' 또는 '레벨 1'의 의사소통과 '관계적' 또는 '레벨 2'의 의사소통이라고 부르는 두 가지 레벨입니다.

주제적 의사소통이란 무엇일까요? 그것은 삶과 결혼 생활에 관련된 주제들에 대해 서로 주고받는 메시지입니다. 예를 들어, 부부가 어떤 차를 살지, 어떤 직업을 가질지, 누가 쓰레기를 버리고, 누가 음식을 만들고, 누가 청구서를 낼지 등과 같은 집안일 분담을 어떻게 할지에 대해 이야기하는 것이 주제적 의사소통입니다.

주제적 의사소통에는 화장실에서 화장지를 바깥에서 내려오게 할지 안쪽에서 내려오게 할지, 변기 시트를 올려둘지 내려둘지 같은 사소한 결정도 포함될 수 있습니다. 만약 당신은 한 방식으로 하고 당신의 배우자는 다른 방식으로 한다면, 어느 것이 '옳은' 방법인지에 대해 다툴 수 있습니다. 그런데 이때 정말로 화장지에 대해 다투고 있는 걸까요? 아닙니다. 물론 그렇지 않습니다. 실제 갈등은 관계적 레벨에서 일어나고 있지만, 대부분의 사람들은 이 사실을 보지 못합니다.

그렇다면 레벨 2, 즉 관계적 의사소통이란 무엇일까요? 이것은 상대방의 정체성과 가치에 관한 영역에서 주고받는 메시지입니다. 결국 레벨 2에서 타인에게 보낼 수 있는 메시지는 두 가지뿐입니다. 한 메시지는 상대방의 정체성을 격려하고 세워주는 것이고, 다른 메시지는 상대방의 정체성을 깎아내리고 무너뜨리는 것입니다. 이 두 가지 메시지는 다음과 같습니다:

1. "나는 당신을 사랑하고, 있는 모습 그대로 용납합니다. 당신은 매우, 매우 소중한 존재입니다. 당신의 의견은 중요하고, 당신의 감정도 중요합니다. 내게 있어 당신의 삶은 중요하

고, 당신은 내가 함께 시간을 보낼 가치 있는 사람입니다."
2. "나는 당신을 사랑하지 않으며, 당신이 변하지 않는 한 당신을 거절합니다. 당신은 아무 가치 없는 사람입니다. 당신의 의견은 어리석고, 당신의 감정은 비합리적입니다. 나는 당신의 삶에 대해 관심이 없고, 당신은 내 시간을 들일 가치가 없는 사람입니다."

어느 순간이든, 우리는 주변 사람들에게 1번의 메시지 또는 2번의 메시지 중 하나를 보낼 수 있습니다. 결혼 초기 7년 동안, 잰과 저는 레벨 2의 관계적 의사소통에 대해 완전히 무지했습니다. 그 결과, 저는 잰에게 종종 레벨 2에서 2번의 메시지를 보내면서도 제가 그랬다는 걸 전혀 인지하지 못했습니다. 저는 레벨 1에서 이야기하고 있는 쟁점에 있어 제가 옳다는 사실에만 집중했기 때문에, 레벨 2에서 제가 보내고 있는 관계적 메시지는 전혀 눈치채지 못했습니다.

결국, 7년이 지난 후에야 저와 잰의 부부 관계에 돌파구가 찾아왔는데, 그것은 제가 잰에게 보내는 레벨 2의 메시지를 비로소 볼 수 있게 되었을 때였습니다. 이 계시는 아내를 통해서가 아니라, 당시 네 살이었던 아들 조쉬를 통해서 찾아왔습니다.

조슈아와 햄버거

우리 부부에게는 두 아들이 있는데, 현재는 모두 성장하여 각자 가정을 이루고 있습니다. 제가 의사소통의 두 가지 레벨에 대해 배운 경험은 장남 조쉬가 네 살이었을 때 일어났습니다.

어릴 적 조쉬는 모든 사람이 자신의 몸 주변에 자신이 통제하는 작은 공간, 즉 허락 없이 침범해서는 안 되는 공간이 있다는 것을 잘 이해하지 못하는 것 같았습니다. 그래서 조쉬는 다른 사람의 허락 없이 부적절하게 몸을 만지거나, 때로는 저녁 식사 중에 다른 사람의 접시에서 감자튀김이나 음식을 집어 가기도 했습니다. 저는 조쉬에게 그렇게 행동하는 것은 상대방의 공간과 개인적인 존엄성을 침해하는 것이라고 설명했습니다. 다른 사람의 공간을 허락 없이 침범해서는 안 된다고 말해줬습니다. 조쉬는 이것을 이해하고 앞으로는 다른 사람의 음식 접시와 개인 공간을 존중하겠다고 동의했습니다.

몇 달 후, 조쉬는 한 단계 더 성장했고, 잰과 저는 아이가 이제 자신의 음식이 담긴 접시를 스스로 책임질 수 있는 주인이 되었다는 점을 크게 축하해 주었습니다. 우리는 아들에게 이제 큰 아이가 되었으니 스스로 채소를 담고, 고기를 자르고, 음식에 양념도 스스로 뿌릴 수 있다고 말해 주었습니다. 우리는 조쉬에게 식탁에서 자신의 음식 접시에 대한 권한을 허락해주었고, 아이는 이 새로운 권한과 성숙함에 대해 매우 자랑스러워하며 신이 났습니다.

이 두 가지 경험이 있은 후 몇 달이 지났습니다. 우리 가족은 점심을 먹으러 식당에 갔고 조쉬는 햄버거를 주문했습니다. 웨이트리스가 음식을 가져왔을 때, 보니까 조쉬에게 나온 햄버거가 굉장히 컸습니다. 저는 '어린이 메뉴에서 주문했는데 왜 햄버거가 이렇게 크지?' 라는 생각이 들었습니다.

　제가 보기에 이 상황이 사고로 이어질 것 같았습니다. 조쉬는 그 햄버거에 양상추, 토마토, 피클, 양파, 겨자, 케첩을 잔뜩 넣을 것이고, 네 살배기 작은 손으로 햄버거를 들고 입에 가져가다가 내용물이 무릎 위로 떨어질 것이 뻔했습니다. 저는 그런 참사를 막기 위해, 웨이트리스가 음식 접시를 내려놓자마자 칼과 포크로 조쉬의 햄버거를 반으로 잘라주었습니다. 그렇게 하면 먹기 더 쉬울 거라 생각했죠.

　조쉬는 충격과 믿을 수 없다는 표정으로 저를 쳐다보며 눈물을 흘리기 시작했고 소리쳤습니다.

"아빠가 망쳤어! 나 이거 안 먹을 거야. 아빠, 이거 고쳐 줘!"

저는 대답했습니다.

"조쉬, 망친 게 아니야. 너 더 쉽게 먹으라고 반으로 자른 거야."

조쉬는 울면서 말했습니다.

"아니야, 아빠가 망쳤어! 이거 고쳐 줘, 아빠!"

저는 다시 말했습니다.

"고칠 수 없어, 조쉬. 어떻게 해달라는 거야? 접착제를 가져와서 붙일까? 맛은 똑같아. 그냥 먹어."

조쉬는 더 크게 울며 말했습니다.

"안 먹을 거야! 아빠가 망쳤어! 이거 고칠 수 없으면 새거 사 줘."
"조쉬, 새로 사주지 않을 거야. 햄버거는 돈이 들어. 지금 있는 거 먹어. 냠냠 씹어 먹으면 작은 음식 조각이 배속으로 들어갈 거고, 배는 햄버거 반으로 자른 건지 모를 거야. 그냥 먹어."
조쉬는 계속해서 울며 말했습니다.
"아니야, 아빠가 망쳤어."
저는 화가 나기 시작했습니다.
"얘야, 당장 그 햄버거 먹어! 차로 데리고 가서 엉덩이 맞고 싶어? 지금 그냥 먹어!" 라고 소리질렀습니다.

이때쯤 되었을 때는 식당 안 모든 사람들이 우리를 쳐다보고 있었습니다. 전 입장이 난처해졌죠. 뇌물도, 위협도 조쉬가 울음을 멈추고 햄버거를 먹게 하지 못하자 갑자기 하나님께 기도하고 해결 방법을 물어야겠다는 생각이 들었습니다.

그래서 전 급히 기도했습니다.
"주님, 도와주세요! 네 살짜리 아이와 힘겨루기를 하고 있는데 지고 있어요. 어떻게 하면 조쉬가 햄버거를 먹게 할 수 있을까요?"
즉시, 아주 분명하게 하나님 아버지의 음성이 들렸습니다.
"아들아, 너 회개하고 조쉬에게 용서를 구해야 된다."
저는 대답했습니다.
"주님, 저는 틀렸을 때 자녀들 앞에서 회개하지 않는 교만한 사람 아니에요. 하지만 이번 경우에는 제가 틀리지 않았어요. 조쉬가

제 1 장 부부 갈등의 근원을 밝히다

아버지에게 반항하며 자기가 주문한 햄버거를 안 먹으려고 하는 상황이에요. 저는 그저 아이가 더 쉽게 먹으라고 햄버거를 잘라준 것 뿐이구요. 만약 여기서 물러서면 아이가 공공 장소에서 울고 소란 피우면 자기가 원하는 대로 된다는 것을 가르치게 될 것이고, 네 살 짜리 아이가 집안을 좌지우지하게 될거에요. **제가 틀린게 아니라서** 회개하고 용서를 구할 수 없어요."

다시 하나님 아버지의 음성이 제게 들려왔습니다.

"아들아, 네가 틀리지 않았어도 회개할 수 있다."

저는 말했습니다.

"주님, 그 말씀은 제게 이해가 되지 않습니다. 회개가 방향을 바꾸어서 반대 방향으로 간다는 뜻이라면, 제가 올바른 방향으로 가고 있을 때 굳이 돌아서서 잘못된 방향으로 가야 하나요? 당연히 회개하려면 잘못이 있어야 하잖아요. 제가 옳다면, 회개하고 사과하는 것은 진실하지 못한 행동일 거에요."

그러자 예수님께서 제자들에게 하셨던 잘 알려진 말씀을 하나님이 제게 기억나게 하셨습니다.

> "아직도 보지 못하고 깨닫지 못하느냐? 마음이 완악하냐? 눈이 있어도 보지 못하고, 귀가 있어도 듣지 못하느냐?" (마가복음 8:17-18)

주님께서 제게 말씀하시길, "너는 그 제자들과 같다. 너는 육안과 귀를 가졌지만 이 문제의 진짜 본질을 이해하지 못하고 있다. 넌 햄버거에 대해 말하고 있다고 생각하지만, 그것이 쟁점이 아니다."

"네 아들이 '아빠가 망쳤어.'라고 말했을 때, 아이는 햄버거에 대해 말하는 것이 아니었다. 그는 아들로서의 자신의 가치에 대해 말한 것이다. 너로 인해 그의 정체성이 무너졌고, 햄버거가 아니라 한 사람으로서 그리고 네 아들로서의 그의 가치가 망가진 것이다. 그러나 너는 볼 눈과 들을 귀가 없었고 마음은 완악했다. 여기서 문제는 햄버거가 아니라, 너의 그 전달 방법과 태도로 그에게 전한 메시지가 문제다."

저는 점점 무언가를 깨닫기 시작했고, 주님께 더 명확한 설명을 구했습니다.

하나님께서 제 영에 계속 말씀하셨습니다.

"몇 달 전 네가 조쉬에게 다른 사람의 공간을 침범하지 말고, 허락 없이 다른 사람의 접시에 손을 대지 말라고 말했던 것을 기억하니?"

"네." 제가 대답했습니다.

"그리고 몇 달 후 너는 조쉬에게 자기 음식 접시를 스스로 관리하도록 허락해 준다는 점을 크게 강조하며, 이제는 그가 큰 아이가 되었고 그의 접시에 대한 권한을 그에게 부여해준다고 말했지?"

"네, 기억합니다." 전 다시 대답했습니다.

그러자 주님께서 엄하게 말씀하셨습니다.

"방금 너는 주권적으로 조쉬의 접시에 손을 뻗어 그의 공간을 침범했고, 그가 자기 접시를 관리할 권한을 무시했으며, 그가 스스로 음식을 어떻게 관리할지의 선택권을 빼앗았다. 너는 먼저 허락을 구하지 않았고, 네가 무엇을 하려는 지도 알리지 않았다. 네가 조쉬에게 하면 안 된다고 가르친 행동을 네가 직접 행한 것이고, 그것은 그의 존엄성을 침해한 행위다."

주님은 그때 두 가지 레벨의 의사 소통에 대해 제 눈을 열어 주셨습니다. 제가 레벨 1의 햄버거를 먹는 것에만 집중하고 있었을 때, 갈등의 근본 원인은 제가 행동을 통해 조쉬에게 전달한 레벨 2의 관계적 메시지에 있었다는 것을 주님이 설명해 주셨습니다.

하나님 아버지께서 말씀하시길, "네가 조쉬의 접시에 손을 뻗어 햄버거를 잘랐을 때, 너는 그에게 다음과 같은 레벨 2의 관계적 메시지를 보낸 것이다.

'너는 소중한 사람이 아니야. 난 다른 사람을 대하는 것처럼 너를 대할 필요가 없어. 너는 내 소유물과 같아. 책이나 개, 혹은 내가 가진 어떤 물건과 같아. 나는 지적인 어른이고, 너는 멍청한 어린아이일 뿐이니까 내가 원하는 대로 너를 대할 거야. 너에게는 권리도 없고, 감정도 없어. 너는 아무 가치 없는 존재이고 넌 나에게 아무 의미도 없어."

주님은 이어 말씀하셨습니다, "조쉬가 '아빠가 망쳤어!'라고 울며 말했을 때, 그는 햄버거에 대해 말한 것이 아니다. 그는 한 인간으로서의 자신의 정체성에 대해 말한 것이다. 네 아들은 세상 그 누구보다 아빠로부터 사랑받고 소중히 여김을 받고 싶어 한단다. 그런데 너는 그 아이의 마음을 찢어서 바닥에 내동댕이치고 짓밟아 버렸고, 레벨 2에서 그에게 '나는 너를 사랑하지 않아. 너는 아무 가치 없어.'라고 말했다."

"아이가 자신의 정체성이 짓밟히고 깊이 상처받았다고 울며 네게 말하려고 했을 때, 너는 레벨 1의 주제인 햄버거에만 집중하느라 레벨 2를 전혀 보지 못해서 그의 마음을 들을 수 없었다. 아들아, 레벨 2에서 관계적(가치) 문제를 해결하면, 주제적 쟁점인 햄버거의 문제는 사라질 것이다. 그것이 쟁점이 아니다."

"아들아, 너는 레벨 1에서는 옳았지만 레벨 2에서는 완전히 틀렸다. '네가 틀리지 않았어도 회개할 수 있다.'라고 내가 말했을 때, 그 말은 네가 레벨 1에서는 옳을지라도 레벨 2에서 누군가의 가치를 빼앗고 그를 무가치하게 느끼게 만들었다면, 너는 회개하고 용서를 구해야 한다는 것이다."

이 체험을 지금 이야기하는데는 시간이 오래 걸리지만, 실제로는 주님과의 이 모든 대화가 몇 초밖에 걸리지 않았습니다. 저는 이것이 사실인지 확인하기 위해 조쉬에게 물었습니다. "조쉬야, 아빠가 네 접시에 손을 뻗어 햄버거를 잘랐을 때, 아빠가 너한테 다른 사람들을 대하라고 말한 방식으로 너를 대할 필요가 없다고 느끼게 만들었니? 아빠가 너를 사랑하지 않고 네가 아빠한테 아무 의미가 없다고 느끼게 만들었니?"라고 물었습니다.

아이의 눈물 속에서 작은 희망의 빛이 보였습니다. "네, 아빠." 조쉬가 대답했습니다. 아이의 표정이 갑자기 바뀌었고, 아마도 제가 그에게 한 일을 정말로 이해하는 것 같다는 듯이 저를 바라보기 시작했습니다.

저는 다시 말했습니다. "조슈아야, 미안하다. 네 접시에 손을 뻗어 햄버거를 자르기 전에 생각하지 못했어. 아빠가 그렇게 한 것이 얼마나 잘못인지 이제 알겠어. 아빠를 용서해 주겠니?"

그가 대답했습니다. "네, 아빠."

제가 조쉬에게 전달했던 무가치함과 사랑받지 못함의 감정을 인정해주고, 그를 상처 준 것에 대해 책임을 지고 사과하자 아이에게 있어 모든 것이 해결되었습니다. 즉각적으로 그의 마음이 풀어지고 저를 용서해 주었습니다.

하지만 주님이 제게 하실 일은 아직 끝나지 않았습니다. "네가 조쉬를 향해 마음을 완악하게 하고, 햄버거를 먹지 않으면 엉덩이 때리겠다고 말했을 때, 너는 그에게 오직 네 규칙에 순종할 때만 그가 가치가 있다는 메시지를 전달한 것이다. 그리고 네게 있어 한 인간으로서의 그 아이보다 네 규칙이 더 중요하다는 것을 전달한 것이다. 더 나아가 햄버거가 돈이 든다는 이유로 새로 사주지 않겠다고 말했을 때, 너는 레벨 2에서 그 아이가 그 돈만큼의 가치도 없다는 걸 전달한 것이다. 네게 있어 그 아이보다 돈이 훨씬 더 중요하다는 레벨 2의 메시지를 보낸 것이다. 아들아, 너는 그 두 메시지에 대해서도 회개하고 아들에게 용서를 구해야 한다."

저는 조쉬에게 이것이 사실인지 물었고, 그는 그게 정말 제가 그에게 보낸 메시지가 맞다고 다시 확인해 주었습니다. 저는 아이가 레벨 1에서 사용한 단어를 사용해서 레벨 2에서 제가 망친 것을 바로잡기로 선택했습니다. 그래서 말했습니다. "조쉬야, 네가 맞았고, 아빠가 네 햄버거를 망쳤다는 것을 이제 알겠어. 햄버거 새로 사줄께."

조쉬가 말했습니다. "아니오, 아빠. 이거 괜찮아요."

그는 이미 햄버거를 입에 넣고 먹고 있었습니다. 주님은 제게 다시 기억나게 하셨습니다. "아들아, 봐라. 레벨 2에서 문제를 해결하면 레벨 1의 쟁점은 사라진단다. 갈등은 햄버거 때문이 아니었다. 갈등은 레벨 2의 사랑과 가치의 메시지 때문이었다."

너는 아내에게도 매일 똑같이 하고 있다

그날 식당을 나와 차로 걸어가면서 하나님께서 저에게 말씀하셨습니다. "아들아, 네가 레벨 1에만 집중하고 레벨 2의 의사소통에 대해서는 마음을 완악하게 함으로 인해 오늘 점심 식탁에서 네 아들의 정체성을 저주했고 그가 사랑받지 못하고 무가치하다고 느끼게 했다는 것을 이해하겠니? 네가 회개하지 않으려 했던 이유가 레벨 1에서 네가 옳다고 생각했기 때문이고, 레벨 2에서 보내고 있는 메시지에는 완전히 눈이 멀어 있었기 때문이라는 것을 이해하겠니?"

"네, 주님. 이제 알겠어요."라고 제가 대답했습니다. 그러자 주님께서 하신 말씀이 제게 충격을 주었습니다.

"너는 아내 잰에게도 매일 똑같이 하고 있다. 아내가 너 때문에 상처받았다고, 네가 그녀를 사랑하지 않고 그녀에 대해 신경쓰지 않는다고 느껴진다고 말하려 할 때, 너는 레벨 1에서 설명하고, 변호하고, 자신을 정당화하려 한다. 레벨 2에서 네가 보내는 메시지는 전혀 보지 못하면서 말이다. 그래서 너는 계속해서 아내와 갈등이 있고, 이 갈등들이 결코 해결되지 않는 것이다."

저는 이 계시를 잰과 확인해 보았고, 잰은 제가 그녀를 정말 그렇게 느끼게 만든다고 곧바로 확인해 줬습니다. 그 후 얼마 지나지 않아, 주님께서 부부 관계의 갈등을 신속하게 해결하는 방법을 제게 보여 주셨는데, 그것은 대화를 주제적 레벨에서 관계적 레벨로 옮기는 것이었습니다.

제 2 장
남편의 관점에서
부부 갈등 해결하기

Solve Any Marriage Conflict in 5 minutes or less

식당에서 아들 조슈아와 함께한 경험 이후, 저는 어떻게 무기상이 저를 이용해 제가 알지 못하는 사이에 잰에게 상처를 주는지를 이해하기 시작했습니다. 저는 그것을 항상 막을 수는 없었지만, 적어도 이제 무슨 일이 일어났는지는 알게 되었습니다.

우리 사이에 갈등이 생길 때, 저는 이제 무기상이 저를 이용해서 레벨 2에서 잰에게 상처를 줬다는 것을 알게 되었습니다. 하지만 그 상황을 어떻게 해결해야 할지는 여전히 알지 못했습니다. 그래서 제가 잘못하지 않았는데 잰이 저를 비난하는 것처럼 느껴질 때, 저는 여전히 어떻게 반응해야 할지, 혹은 대화를 어떻게 레벨 2로 옮길지 잘 몰랐습니다.

유대인의 전략을 사용하라

잰과 갈등이 있을 때 제가 잰에게 어떻게 반응해야 할지 하나님께 인도해달라고 구했을 때, 주님께서 아주 명확하게 제게 말씀하셨습니다. "문제를 해결하고 싶다면, 유대인의 전략을 사용해라."

저는 여쭈었죠. "주님, 유대인의 전략이 뭔가요?"

주님께서는 제게 몇몇 유대인 친구들과의 관계를 생각해 보게 하셨습니다. 아마 여러분도 유대인 친구나 지인이 있을 겁니다. 유대인에게 어떤 질문을 하면, 그들은 보통 어떻게 대답할까요? 저는 그들이 거의 항상 또 다른 질문으로 대답한다는 사실을 깨달았습니다.

그때 주님께서 제게 말씀하셨습니다. "그것이 바로 유대인의 전략이다. 잰의 질문에 질문으로 대답해라."

이제 여러분께 갈등으로 발전할 수 있는 상황이 시작될 때 따를 수 있는 아주 간단한 다섯 가지 전략을 나누겠습니다. 그 첫 번째가 바로 '유대인의 전략' 입니다.

이 전략들이 효과적인 이유는, 무기상을 무장 해제시키고 대화를 레벨 1에서 레벨 2로 옮기도록 설계되었기 때문입니다. 다음은 아내와의 갈등을 해결하는 데 있어 아주 중대한 첫 번째 열쇠입니다.

▶ [전략 ①] 아내의 질문에 절대 진술문으로 대답하지 말라

아내가 수사적인 질문을 던질 때, 즉 정당한 답이 존재하지 않는 질문을 할 때마다 **절대 그 질문에 대답하지 마십시오.**

특히 그녀의 말투에 부정적인 감정이 담겨 있을 경우 질문에 대답하지 마십시오. 왜 그 질문에 대답하지 말아야 할까요?

첫째, 그녀를 만족시킬 수 있는 정당한 답이 존재하지 않기 때문입니다.

둘째, 그녀는 그 질문에 대한 답을 원하는게 아니기 때문입니다. 아내는 전혀 다른, 내제된 질문을 가지고 있고, 그 질문에 대한 답을 원하는 것입니다. 그리고 그녀는 당신이 그 질문(비밀 암호)이 무엇인지 직관적으로 안다고 생각합니다.

그러나 안타깝게도 남편인 우리들은 아내의 내제된 질문이 무엇인지 전혀 알지 못하며, 어떻게 대답해야 할지도 모릅니다. 그렇

기 때문에 아내에게 질문을 해서 그녀의 내제된 질문이 무엇인지 파악하고, 그 내제된 질문에 만족스럽게 대답해 줌으로써 문제를 해결하는 것이 매우 중요합니다.

저는 남자와 여자의 뇌가 완전히 다르게 작동한다는 것을 알게 되었습니다. 대부분의 남편들의 뇌는 정확히 컴퓨터처럼 기능합니다. 아내가 남편에게 질문을 하면, 그는 그 질문에 정확하게 대답하려고 합니다.

반면에, 모든 아내는 암호로 말합니다. 그녀는 질문을 하지만, 실제로는 그 질문에 대한 대답을 원하는게 아닙니다. 그녀는 전혀 다른 질문에 대한 대답을 원하고 있으며, 남편이 그것을 알아야 된다고 생각합니다. 모든 아내들은 이 암호를 알고 있고, 여자들끼리는 이 방식의 소통이 완벽하게 통합니다.

그녀들은 마치 이 의사소통의 암호를 갖고 태어난 듯하며, 대부분의 아내들은 누구든지 약간의 두뇌만 있다면 이 암호를 이해하고 진짜 질문이 뭔지 알 것이라고 생각합니다.

하지만 우리 남자들은 여자들의 의사소통 암호를 이해하는 능력을 선천적으로 갖고 태어나지 않았습니다. 그래서 우리는 그녀가 물은 그 질문에 대한 대답을 원한다고 본능적으로 생각하지만, 그건 정말 사실과 거리가 먼 생각입니다. 이것이 바로 전략 ①이 관계적 갈등을 해결하는 데 있어 매우 중요하고 핵심적인 이유입니다. 아내의 질문에 대답하려 하지 마십시오.

예를 하나 들어보죠. 가령 샘이 저녁식사 시간에 늦게 귀가했다고 해봅시다. 그의 아내 주디는 그를 축복해주려고 오후 내내 정성스럽게 특별한 저녁 식사를 준비했는데, 샘이 집에 도착했을 때는 음식은 식었고 그녀는 열받아 있습니다.

샘이 문을 열고 들어오자, 주디는 분노 섞인 어조로 이렇게 묻습니다. "왜 이렇게 늦게 왔어요? 늦을 거면 최소한 전화라도 해서 늦는다고 알려줬어야 하는 거 아니에요?"

샘은 이제 어떻게 할까요? 샘의 컴퓨터가 켜지고 다음과 같은 절차를 밟기 시작합니다:

1. 아내가 나에게 두 가지 과제를 줬다

    A. 내가 왜 늦었는지에 대한 파일 검색을 실시하라.

    B. 왜 늦는다고 전화하지 않았는지에 대한 파일 검색을 실시하라.

2. 내가 왜 늦게 왔는지에 대한 파일 검색

    A. 퇴근하려던 찰나, 가장 중요한 고객이 전화를 걸어 몇 가지 서류를 요청했다. 나는 문서를 찾아 스캔하고 그에게 전송해야 했고, 컴퓨터에서 파일을 찾아 그것도 보내줘야 했다. 그 과정에서 예상치 못한 추가 시간이 소모되었다.

    B. 사무실을 늦게 나왔기 때문에 퇴근길 교통량이 평소보다 더 많았다.

    C. 그리고 차의 기름이 거의 떨어져 가는 것을 보고 고속도

로를 빠져나와 주유소에 갔는데 그 주유소에 기름이 없어서 다른 주유소로 가야 했다. 두 번째 주유소에는 줄이 길어서 시간이 더 걸렸다.
D. 다시 고속도로에 진입했을 때는, 차들이 더 천천히 움직이고 있었다.

3. 아내에게 전화하지 않은 이유에 대한 파일 검색
A. 고객을 위한 프로젝트 작업에 정신이 팔려 있었다. 혹시 중요한 파일을 빠뜨리고 보내지 않았는지 생각했다.
B. 그리고는 차에 넣을 기름을 찾는 데 신경썼다.
C. 집으로 돌아오는 길에는 CD로 강의를 듣고 있었는데, 그 내용에 완전히 몰입하게 되었고, 솔직히 말하면 집에 전화해야겠다는 생각조차 들지 않았다.

샘은 주디의 두 가지 질문에 대한 답으로 위의 일곱 가지 사항을 설명하며 주디가 만족해하길 바랍니다. 그러나 안타깝게도 그녀는 만족하지 않고, 오히려 그 설명들은 그녀를 더욱 화나게 만듭니다. 샘은 이제 어떻게 해야 아내를 만족시킬 수 있을지 전혀 감을 잡지 못합니다. 주디는 그에게 두 가지 구체적인 질문을 했고, 그는 최선을 다해 성실하게 답변했음에도, 그녀는 완전히 그의 통제권을 벗어난 어떤 것에 대해 그를 비난하고 있습니다.

샘은 그녀의 행동이 전혀 이성적이지 않고 이해가 안 된다고 느낍니다. 그는 이렇게 말하고 싶은 충동을 느낍니다. "내가 어떻게 했어야 했어? 우리 회사의 가장 중요한 고객을 무시하고 일을 망치면서라도 저녁 식사에 늦지 말았어야 했단 말이야?" 그러나 그는 그렇게 하면 싸움이 더욱 고조될 뿐이라는 것 정도는 압니다. 그는 어떻게 해야 할지 몰라 아무 말도 하지 않고, TV 앞의 의자로 가서 앉습니다. 하지만 이것은 주디를 더욱 답답하게 만들 뿐이고, 갈등의 감정은 전혀 해결되지 않은 채 쌓여 있다가 나중 언젠가 터지게 됩니다.

이제 이 문제를 어떻게 실제적으로 해결할지 이야기하기 전에, 한 가지 예를 더 들어보겠습니다. 많은 경우 영적 원수는 부부에게 도무지 해결책이 없어 보이는 함정(계략)을 놓습니다 (에베소서 6:11). 이 예를 생각해보십시오.

결혼 2년 차에 접어든 어느 날, 남편 밥은 직장에서 일하고 있고, 아내 수는 집에서 첫 아이를 돌보고 있습니다. 밥은 직장에서 승진의 기회를 얻어 그날 오후 중요한 고객에게 큰 영업 프레젠테이션을 맡게 되었습니다. 그는 발표의 마무리 작업에 집중하고 있는데, 그의 휴대전화가 울립니다. 보통이라면 전화를 받지 않았겠지만, 발신자가 아내 수라는 것을 보고 그는 전화를 받습니다.

"여보세요." 밥이 말합니다.

"여보, 그냥 하나만 알고 싶어서…. 오늘 아침에 내 생각하고 있었어요?" 수가 좀 우울한 말투로 묻습니다.

밥은 어떻게 할까요? 그의 컴퓨터(뇌)가 켜지고, 과제를 처리하기 위해 다음과 같은 절차를 밟기 시작합니다.

1. 나는 지금 파일 검색을 할 과제를 부여 받았다
    A. 검색 조건: "오늘 아침." 이것은 내가 집을 나선 시점부터 지금까지의 시간을 의미한다.
    B. 파일 검색: 아내에 대한 생각이 담긴 모든 파일을 찾아라.
    C. 검색 결과: 해당 파일 없음.
    D. 진실: 밥은 오늘 아침 수에 대해 생각하고 있지 않았다.

이 예시에서 우리는 영적 원수가 부부를 위한 함정을 설치했다는 것을 쉽게 볼 수 있습니다. 밥은 어떻게 대답해야 될까요? 그는 정직하게 대답하면 아내가 상처받을 거라는 걸 압니다. 그래서 정직하게 "아니 여보. 지금 좀 바빠서 그런데 오후에 다시 전화해도 될까?"라고 말해야 될지 망설입니다.

그러면 대안은 무엇일까요? 그녀에게 거짓말을 할까요? "응, 나도 당신 생각하고 있었어요! 전화해 줘서 너무 고마워요. 나도 방금 전화하려던 참이었어요."라고 말할까요?

만약 그렇게 말한다면, 그는 더 큰 문제에 빠질 수도 있습니다. 이제 그는 아내에게 무관심할 뿐만 아니라 거짓말까지 하는 남편이 되는 것이죠. 수는 그것을 감지할 겁니다. 그렇다면 해결책은 무엇일까요? 아시겠나요? 그녀의 질문에 대한 좋은 대답은 없습니다. **이것이 바로 대답이 없는 질문에는 절대 대답하지 말라** 전략 ①을 배우는 것이 아주 중요한 이유입니다. 대신, 유대인의 전략을 사용해서 질문에 질문으로 대답하십시오.

▶ [전략 ②] 아내의 질문에 다른 질문으로 대답하라

아내가 정당한 대답이 존재하지 않는 수사적인 질문을 할 때마다, 그 질문에 다른 질문으로 대답하십시오.

예수님께서는 성경에서, 자신을 함정에 빠뜨리고 갈등을 유발하려는 의도가 담긴 어려운 질문을 받을 때마다 항상 그렇게 하셨습니다. 바리새인들은 예수님께 이렇게 질문했습니다

"우리 유대인이 가이사에게 세금을 내야 됩니까? 내지 말아야 됩니까?"(마태복음 22:15-22) 만약 예수님께서 그들이 로마 황제에게 세금을 내야 된다고 대답하신다면, 유대인 청중의 신뢰를 잃을 것이고, 로마의 잔인한 억압과 부당함을 미워하던 유대인 무리들은 그를 따르지 않게 될 것입니다. 반대로 가이사에게 세금을 내지 말아야 된다고 대답하신다면, 이 유대 지도자들은 예수님을 로마 정부에 반역자, 선동자로 고발할 것입니다.

다시 말해, 이 질문에는 정당한 대답이 없습니다. 그렇다면 예수님은 어떻게 하셨을까요? 예수님은 전략 ①과 전략 ②를 따르셨습니다. 즉, 질문에 질문으로 대답하신 것이죠. 예수님은 그들에게 동전을 보여 달라고 하시며 이렇게 물으셨습니다. "이 동전에 있는 형상이 누구의 것이냐?" 그들은 대답했습니다. "가이사의 것입니다." 예수님은 이어서 말씀하셨습니다. "그러면 가이사의 것은 가이사에게, 하나님의 것은 하나님께 바치라." 그의 이와 같은 지혜로운 대답에 아무도 그를 책잡을 수 없었습니다.

"문제 종결! 갈등 해결!"

또 다른 경우, 유대 종교 지도자들이 간음 현장에서 붙잡힌 여자를 예수님께 데려왔습니다 (요한복음 8:3-11).

그들은 예수님께 물었습니다. "모세의 율법대로 이 여자를 돌로 쳐 죽이는 것이 옳습니까, 아니면 모세의 율법에 반대하십니까?" 예수님께서는 다시 질문으로 대답하셨습니다. "너희 중에 죄 없는 자가 먼저 이 여자에게 돌을 던져라." 그러자 아무도 자신이 죄 없는 자라고 반응하지 못했고, 모두 떠났습니다. 예수님께서는 여자에게 이제 더 이상 죄를 짓지 말라고 말씀하셨습니다.

"문제 종결! 갈등 해결!"

누가복음 20장 1절 - 8절에서, 그들이 예수님께 물었습니다.

"당신은 무슨 권위로 이런 일을 행하십니까?" 이 질문에도 좋은 대답이 없습니다. 만약 예수님께서 권위가 하나님으로부터 왔다고 말한다면, 그들은 예수님을 신성모독으로 고발할 것이고 반대로 권위가 자신이나 어떤 사람으로부터 왔다고 말한다면, 유대인 청중의 신뢰를 잃게 될 것입니다.

예수님께서는 다시 질문으로 반응하셨습니다. "요한의 세례가 사람으로부터 온 것이냐, 하나님께로부터 온 것이냐?" 이 질문은 바리새인들을 난처한 입장에 빠뜨렸습니다. 만약 그들이 요한의 세례가 하나님께로부터 왔다고 말한다면, 예수님은 왜 그들이 요한의 세례를 받지 않았는지 물을 것이기 때문입니다. 실제로 그들은 세례를 받지 않았습니다. 반면에 그들이 요한의 세례가 사람으로부터 왔다고 말한다면, 요한이 하나님의 선지자임을 믿는 모든 청중의 신뢰를 잃게 됩니다. 결국 그들은 "모르겠다."고 반응했죠. 예수님은 "그러면 나도 무슨 권위로 이런 일을 하는지 너희에게 말하지 않겠다."고 하셨습니다. 신약성경 전체에는 예수님께서 자신을 함정에 빠뜨리려는 질문에 질문으로 대답하신 사례가 수없이 많이 나옵니다.

"문제 종결! 갈등 해결!"

앞서 말씀드렸듯이, 대부분의 아내들은 암호로 말합니다. 결혼한 지 7년이 지난 후, 저는 그 암호가 제가 처음 생각했던 것보다 훨씬 더 단순하다는 것을 깨달았습니다. 대부분의 아내들은 반복해서 단 하나의 질문만을 합니다. 그녀는 이 한 가지 질문을 100가지 다른 방식으로, 100가지 다른 외적 표현으로 물을 수 있지만, 질문은 항상 같습니다. 그렇다면 그녀가 묻는 단 하나의 질문은 무엇일까요?

바로 이것 입니다: "당신 나를 사랑하나요?"

이 비밀스러운 암호를 깨닫고 나서 하나님께서는 저에게 정확히 두 가지 매우 구체적인 질문을 하고, 그리고 한 가지 행동을 하도록 보여주셨습니다. 그렇게 해서 아내의 단 하나의 질문에 대답해 줌으로 그녀가 사랑받고 가치있게 여겨진다고 느끼게 하는 것입니다. 이것이 바로 부부 갈등으로 발전할 수 있는 상황에서 우리가 따를 수 있는 전략 ③으로 이끌어 줍니다.

▶ [전략 ③] 아주 구체적인 두 가지 질문을 하라

아내가 정당한 대답이 없는 수사적인 질문을 할 때마다, 두 가지 아주 구체적인 질문을 해서 그녀의 겉으로 드러난 질문의 암호를 해독하고, 그 질문 뒤에 숨겨진 진짜 질문을 이해하십시오.

다음은 아내에게 할 수 있는 두 가지 질문입니다:
1. 여보, 당신 목소리 톤에서 내가 당신을 상처 준 것 같다는 느낌이 드는데, 맞아요?
2. 내가 … 했을 때 당신을 어떻게 느끼게 했는지 말해 줄 수 있어요?

이제 이전 두 가지 예시에서 발생할 수 있는 갈등을 어떻게 해결할지 다시 살펴봅시다. 첫 번째 예시에서 남편 샘은 회사에서 늦게 집에 돌아왔고, 아내 주디는 그를 위해 특별한 저녁 식사를 준비했는데 샘이 집에 도착했을 때는 음식이 다 식어버렸습니다. 주디가 물었던 두 가지 질문은 "왜 이렇게 늦게 집에 왔어요?"와 "늦는다고 미리 전화라도 하지 그랬어요?"였던 것 기억하시죠. 샘이 깨닫지 못했던 것은 늦게 귀가하고 연락하지 않은 그의 행동이 아내에게 사랑받지 못하고 소중하지 않다는 강한 감정을 불러일으켰다는 것입니다. 하지만 샘이 아내에게 두 가지 구체적인 질문을 하지 않으면 이 사실을 결코 알 수 없습니다.

샘이 컴퓨터처럼 생각하는 머리를 끄고 대신 전략 ①, ②, ③

을 따라 행동했다면 5분 내에 잠재적인 갈등을 해결할 수 있었을 것입니다. 주디가 두 가지 질문으로 분노와 좌절감을 표현했을 때, 샘은 이렇게 물으며 쉽게 해결할 수 있었습니다.

"여보, 당신 목소리 톤에서 내가 당신을 상처 준 것 같다는 느낌이 드는데, 맞아요?"

주디는 "와, 당신 예언자인가봐요. 내가 상처받았다는 걸 어떻게 알았어요?"라고 대답할지도 모릅니다.

농담입니다! 만약 과거에 상처가 많았다면, 그녀는 냉소나 조롱으로 대답할 수도 있습니다.

어쨌든 그녀가 "응, 맞아요. 당신 때문에 상처받았어요."라고 수긍하는 대답을 할 가능성이 큽니다.

그 다음 두 번째 질문으로 샘은 이렇게 물을 수 있습니다.

"주디, 내가 늦게 들어오고 전화하지 않아서 당신을 어떻게 느끼게 했는지 말해 줄 수 있어요?"

주디는 이렇게 말할 수 있습니다. "물론이에요. 당신이 늦게 오니까 당신 삶의 우선순위에서 내가 제일 마지막인 것 같은 느낌이 들어요. 당신에게 있어 모든 것, 그리고 모든 사람이 나보다 더 중요해요. 직장, 돈, 친구들, 스포츠 팀, 당신의 일정, 그리고 당신 인생이 더 중요해요. 나는 당신에게 아무 의미도 없어요. 오늘 당신을 위해 특별한 저녁을 준비했는데, 늦는다고 미리 전화 한 통도 없었잖아요. 그래서 당신에게 잘 해주려는게 아무 의미 없다고 느껴져요. 왜냐하면 당신은 우리 관계에 대해 아무 신경도 안 쓰니까요. 나는 사랑받지 못하고, 당신에게 아무 의미 없는 존재라고 느껴져요."

이제 샘은 주디가 질문했을 때 사실 한 가지 단순한 질문에 대한 대답을 원했다는 것을 이해할 수 있습니다. 주디 마음 속 핵심 질문의 농축된 내용은 **"당신은 나를 사랑하나요?"**입니다. 이제 쟁점이 무엇인지 이해했으니, 샘은 다음 두 단계를 실행하여 갈등을 해결할 준비가 된 겁니다.

▶ [전략 ④] 아내의 감정을 확인해 주라

아내가 두 번째 질문에 대해 대답한 내용을 그대로 되풀이해서 아내에게 말해 줌으로 그녀의 감정을 확인해 주십시오. 다시 아내가 그것을 확인해 주도록 하고, 추가로 하고 싶은 말을 할 수 있게 해주십시오.

샘의 경우, 다음 단계는 이렇게 말해줌으로 자신이 주디에게 준 감정적 고통을 이해했음을 확인시켜주는 것입니다.

"그러니까, 내가 당신 말을 맞게 이해했다면, 내가 늦게 집에 돌아옴으로 인해 당신이 내 삶의 우선 순위에서 가장 마지막이라는 느낌이 들었고, 모든 것과 모든 사람이 당신보다 더 중요하다고 느꼈다는 말이지요? 내가 오직 나 자신과 내 삶만 신경 쓰고, 당신은 나에게 아무 의미가 없다고 느꼈다는 거죠? 더군다나 내가 늦는다고 전화도 하지 않아서 내가 당신을 신경 쓰지 않는다는 사실을 더 확실히 한 것이구요. 그래서 나는 당신을 사랑받지 못하고, 돌봄받지 못하며, 나에게 아무 의미 없는 존재로 느끼게 만들었군요. 맞아요?"

주디는 "네, 맞아요."라고 확인해 줄 것입니다.

그럼 샘은 갈등을 해결하기 위한 마지막 단계를 밟을 수 있습니다.

▶ **[전략 ⑤] 아내에게 상처를 준 것에 대해 책임을 지고 회개하고 용서를 구하라**

아내가 문제에 대해 당신을 비난할 때는, 그녀에게 상처를 준 것에 대해 책임을 지고 회개하며 사랑받지 못하고 소중하지 않다고 느끼게 한 것에 대해 용서를 구하십시오.

많은 경우, 남편으로서 저는 제가 잘못한 것이 없다고 느꼈기 때문에 진심으로 회개하고 용서 구하는 걸 하고 싶지 않았습니다. 오히려 아내가 불합리하다고 생각했고, 제가 통제할 수 없는 상황에 대해 저를 비난한다고 느꼈습니다. 그러나 하나님께서 제게 두 레벨의 의사소통을 계시해 주신 이후, 저는 제가 두 번째 레벨에서 보내고 있던 메시지에 대해 완전히 눈이 멀어 있었음을 깨달았습니다. 첫 번째 레벨에서는 제가 틀리지 않았을지라도, 타당하든 아니든 제가 잰에게 감정적 고통을 주었다면 두 번째 레벨에서 보낸 관계적 메시지에 대해 회개할 필요가 있었습니다.

샘의 경우, 다음 단계로, 주디에게 이렇게 말할 수 있습니다.

"주디, 그때는 몰랐는데 이제는 내가 집에 늦게 오고 전화하지 않아서 내가 당신을 사랑하지 않고 신경 쓰지 않는다고 당신이 느끼게 만들었다는 것을 알겠어요. 늦는다고 알려주지 않은 것은 분명히 내 잘못이에요. 당신에게 상처를 주고 사랑받지 못한다고 느끼게 해서 정말 미안해요. 내 인생에서 가장 중요한 사람인 당신에게 정말 그렇게 하고 싶지 않아요. 결코 일부러 당신을 상처 주고 싶지 않아요. 하지만 내가 그렇게 했다는 것을 알겠어요. 나를 용서해 주겠어요?"

샘이 진심으로 주디를 염려하는 마음을 표현하고 그녀의 경험과 감정에 대한 공감을 전달한다면, 그녀의 분노는 진정되고 결국 마음에서 그를 용서하지 않을 수 없을 것입니다.

"문제 종결! 갈등 해결!"

다음은 수가 밥에게 전화해서 "오늘 아침에 내 생각하고 있었어요?"라고 물었을 때 밥이 어떻게 그의 딜레마를 해결할 수 있는지 살펴보겠습니다. 밥은 수에게 질문으로 반응해서 그녀의 진짜 감정과 질문 뒤에 숨겨진 진짜 질문을 파악할 수 있습니다. 대화가 이렇게 진행될 수 있습니다. 전략 ①, ②, ③을 따라 밥이 질문합니다.

밥: "여보, 당신 목소리 톤을 들으니까 오늘 아침 기분이 좀 우울하고 낙심된거 같은데, 맞아요?"
수: "네, 맞아요."
밥: "여보, 지금 어떤 느낌인지 얘기해줄 수 있어요?"
수: "음, 뭐 사러 나가려고 했는데 차고 전기 문이 안 열렸어요. 리셋도 해보고 할 수 있는 건 다 했는데도 여전히 안 열려서 차를 못 뺐어요. 그리고 DVD를 보려고 DVD 플레이어를 TV에 연결했는데 TV 소리가 안 나와서 오늘 보고 싶은 DVD도 못 보고 있어요. 그리고 아기가 깼는데 아파서 토하고, 설사하고, 계속 울고 있어요."

수는 흐느끼기 시작하며 외칩니다. "오늘 제대로 되는게 하나도 없어요. 나 완전 혼자인거 같고, 사랑받지못하고, 아무도 신경 써주지 않는 것 같아요."

이 시점에서 밥은 수가 전화한 진짜 목적을 이해해야 합니다. 수는 밥이 오늘 아침 무슨 생각을 하고 있는지 알고 싶었던 것이 아니고, 심지어 밥이 자신을 생각하고 있었는지를 묻고 싶었던 것도 아닙니다. 그녀의 실제 질문은 "당신 나를 사랑하나요? 오늘 내 삶에 관심 있나요?"라는 것입니다.

이제 밥은 전략 ④를 따라 이렇게 반응합니다. "아이고, 여보, 오늘 일어난 모든 일들 정말 어쩌나… 정말 힘들었겠네요. 당신이 낙심되고 혼자라고 느껴지고 아무에게도 돌봄 받지 못한다고 느끼는 거 충분히 이해돼요. 난 당신을 정말 사랑해요. 당신이 지금 혼자라고 느끼니까 내 마음이 너무 아파요. 지금 바로 당신 곁에 있어서 당신을 도와줄 수 있으면 좋을 텐데… 지금 당신을 위해 기도 해줘도 될까요?"

수: "네."

밥은 수를 위해 기도하며 주님께서 그의 임재로 그 녀와 함께 하시고 주님의 사랑을 느끼게 해주시길 구합니다. 그리고 이렇게 마무리합니다. "수, 당신을 정말 사랑해요. 있다 저녁 때 빨리 집에 가서 당신을 내 품에 꼭 안아주면서 당신이 얼마나 소중한 사람인지 말해주고 싶어요. 이제 기분이 좀 나아졌어요?"

수: "네, 들어주고 함께 기도해줘서 너무 고마워요. 나도 사랑

해요! 있다 저녁 때 봐요."

이 경우, 수가 자신의 감정을 밥 탓으로 돌리지 않았기 때문에 전략 ⑤는 적용되지 않습니다. 그녀는 단지 "당신 나를 사랑하나요?"라는 질문에 대해 밥이 확인해 주는 것이 필요했던 것입니다. 밥이 그 확인을 해주자 수의 부정적인 감정은 누그러지고 평정심을 되찾을 수 있었습니다.

"문제 종결! 갈등 해결!"

남편이 아내와의 갈등을 5분 이내에 해결하기 위한 5가지 전략을 간략히 복습해 봅시다.

1. 전략 ①: 아내의 질문에 진술문, 설명, 변호로 대답하지 말라.
2. 전략 ②: 아내의 질문에 다른 질문으로 대답하라.
3. 전략 ③: 아주 구체적인 두 가지 질문을 하라.
4. 전략 ④: 아내의 감정을 확인해주라.
5. 전략 ⑤: 아내를 상처 준 것에 대해 책임을 지고 회개하고 용서를 구하라.

제 3 장
남편의 관점에서 인간의 연료 탱크 이해하기

Solve Any Marriage Conflict in 5 minutes or less

인간 연료 탱크

식당에서 조쉬와 있었던 일을 겪은 직후, 하나님께서는 제게 자동차에 연료 탱크가 있듯이 모든 인간에게도 연료 탱크가 있다는 사실을 보여주셨습니다. 그렇다면 대부분의 사람들의 감정적 탱크를 채우는 연료는 무엇일까요? 분명히 사람들은 자동차처럼 휘발유나 경유를 사용하지는 않습니다. 인간은 가치를 감정적 연료로 사용합니다. 모든 사람은 자신이 소중하게 여겨진다는 느낌을 받기를 원합니다.

그래서 우리는 어느 순간이든, 배우자에게 가치의 메시지를 전달함으로써 그의 감정적 연료 탱크를 채워줄 수도 있고, 반대로 무가치함의 메시지를 전달함으로써 그의 탱크를 고갈시킬 수도 있습니다. 앞서 언급했듯이, 우리 배우자의 연료 탱크를 채우거나 고갈시키는 일은 주로 레벨 2의 관계적 의사소통을 통해 이루어집니다.

하지만 만약 당신이 이 레벨 2의 의사소통에 대해 눈이 멀어 있다면, 배우자가 별것 아닌 말이나 행동에 과도하게 반응하는 것이 너무 비이성적으로 보일 수도 있습니다. 이것을 이해하기 전에는, 어떤 상황에서 제가 말하거나 행동한 것이 제 기준으로는 1에서 10까지의 척도 중 1이나 2 정도의 사소한 것이라고 생각했는데, 잰은 9나 10에 해당하는 강한 반응을 보이곤 했습니다. 하지만 두 레벨의 의사소통을 이해하게 된 후에는, 말이나 행동이 레벨 1에서는 1이나 2 정도로 불쾌하게 하는 것이었지만, 레벨 2에서의 관계적인 메시지가 잰의 가치 탱크를 정말 심각하게 고갈시켰기 때문에, 그녀의 9나 10에 해당하는 반응이 충분히 이해될 만한 것임을 알게 되었습니다.

그래서 "그런 반응은 너무 과한 거 아니야?"라며 그녀와 언쟁을 벌이는 대신, 왜 무해한 것 같은 말이나 행동이 잰에게 그렇게 상처가 되었는지를 이해하게 되었습니다. 저는 레벨 2에서 그녀의 가치 탱크를 고갈시켜 놓고도 그 사실을 깨닫지 못했던 것입니다.

그렇다면 남편과 아내의 가치 탱크를 채워주는 연료는 정확히 무엇일까요? 제 감정적 가치 탱크를 채워주는 연료와 잰의 가치 탱크를 채워주는 연료가 완전히 다르다는 것을 저는 곧 깨달았습니다. 마치 대부분의 남편은 경유를 사용하고, 대부분의 아내는 휘발유를 사용하는 것과 같습니다. 휘발유 차량에 경유를 넣으면 엔진이 망가지듯이, 제가 잰의 탱크를 저를 가치있게 느끼게 해주는 연료로 채우려 했을 때 같은 결과가 발생했습니다. 그래서 저는 주님께 어떤 연료가 제 아내의 가치 탱크를 채워주는지 묻기 시작했습니다. 다행히도 멀리서 찾을 필요가 없었습니다. 성경 에베소서 5장 33절은 남편과 아내의 탱크를 채워주는 두 가지 다른 연료가 무엇인지 정확히 말해줍니다.

남편과 아내를 위한 두 가지 다른 연료

"그러나 너희도 각각 자기 아내 사랑하기를 자신 같이 하고, 아내도 자기 남편을 존경하라." 에베소서 5장 33절

저는 늘 성경이 왜 남편과 아내 둘 다에게 서로 사랑하라고 말하지 않았을까 궁금했습니다. 하지만 서로의 감정적 연료 탱크를 채워줘야 한다는 것을 이해하게 된 후, 그 구절이 대부분의 남편과 아내가 사용하는 두 종류의 연료를 명확히 보여준다는 것을 깨달았습니다.

남편과 아내는 어떤 연료를 사용할까요?

대부분의 아내를 위한 연료: 사랑

대부분의 남편을 위한 연료: 존경

대부분의 아내에게 사랑은 무엇을 의미할까?

이 구절을 읽고 나서, 하나님께서 저에게 부부관계에서 아주 단순한 한 가지 임무를 주셨다는 것을 이해하게 되었습니다. **남편으로서 제가 할 일은 아내의 가치 탱크를 사랑으로 채워주는 것입니다.** 하지만 지난 7년 동안 저는 깨닫지 못한 채 매일 아내의 가치 탱크에서 사랑을 고갈시켰습니다. 그리고 나서 저는 그 다음 문제를 깨달았습니다. 저는 일반적으로 여자에게 있어 사랑이 무엇을 의미하는

지, 그리고 제 아내 잰에게 있어 사랑이 구체적으로 무엇을 의미하는지 전혀 알지 못했습니다. 또한 대부분의 여자들도 남편에게있어 존경이 무엇을 의미하는지 전혀 모른다는 사실을 발견했습니다.

여자에게 있어 사랑이 진정으로 무엇을 의미하는지 이해하기 위해, 저는 잰에게 무엇이 그녀로 하여금 사랑받고 소중하게 느껴지게 하는지 물어봤습니다. 대부분의 여자에게 있어 사랑은 세 가지 매우 구체적인것을 의미한다는 것을 저는 알게 되었습니다. 많은 부부를 상담하면서 저는 아내들에게 무엇이 남편으로부터 사랑받고 소중히 여겨진다고 느끼게 하는지 묻는 기회를 가졌습니다. 아내들은 반복해서 이렇게 말했습니다. "남편이 이 세 가지를 해준다면 저는 정말 사랑받고 소중하게 여겨진다고 느낄거에요."

1. 남편의 삶에서 저를 높은 우선순위에 있다고 느끼게 해 주세요

"저는 남편이 삶에서 저를 높은 우선순위에 두길 원해요. 물론, 예수님이 그의 삶에서 가장 우선이어야 하구요. 하지만 예수님 다음으로는 제가 1순위가 되길 원해요. 그의 일, 돈, 스포츠, 친구들, 사역, 그 무엇보다도 말이에요. 그런데 많은 경우, 남편은 저를 그의 우선순위 목록에서 999번째쯤으로 느끼게 해요. 남편은 저보다 다른 모든 일과 다른 모든 사람들을 더 중요하게 생각하는 것 같아요."

2. 제 말에 귀 기울이고 제 생각, 감정, 의견을 소중히 여겨 주세요

"저는 남편이 제 생각과 감정, 의견에 관심을 가져 주길 원해요. 남편이 제 삶에 대해 물어보고 제 생각과 감정, 의견을 소중히 여길 때 저는 사랑받는다는 느낌이 들어요. 하지만 대부분의 경우, 남편은 제 의견보다 다른 사람들의 의견을 더 중요하게 생각하는 것 같아요. 제 감정을 나누려 하면 그는 제 감정을 무시하고 그렇게 느끼면 안 된다고 말해요. 그런데 남편이 다른 사람들의 말은 듣고, 다른 사람들의 의견과 감정은 소중히 여긴다는 걸 저는 알아요. 남편은 교회 사람들, 직장 동료들, 길거리에서 만나는 사람들의 말은 잘 들어요. 남편은 식당에서 서빙하는 사람의 의견을 제 의견보다 더 소중하게 여겨요. 그래서 저는 사랑받지 못하고 소중하지 않은 사람처럼 느껴져요."

3. 남편이 저를 상처 줬을 때, 자신의 잘못을 인정하고, 저에게 상처 준 것에 대해 책임을 지고, 회개하고 제게 용서를 구해 주세요

"남편이 실수를 해서 저를 상처 줬을 때, 제가 원하는 것은 그저 그가 저를 상처 줬다는 것을 인정하고, 자신이 무엇을 했는지 이해하는 거에요. 그리고 저를 상처준 것에 대해 책임을 지고 사과한다면, 그러면 금상첨화일거에요. 그런데 제가 상처받았다고 남편에게 말하려 하면, 남편은 보통 왜 그렇게 했는지 설명하려 하고, 별일 아니라고 하며 그런 일로 상처받으면 안 된다고 해요. 제가 계속해서 그가 저를 어떻게 상처줬는지 말하려 하면, 남편은 자신을 변호하고 자신의 말이나 행동을 정당화해요. 그럴 때면 그가 정말로 저를 사랑하지도, 저를 신경쓰지도 않고, 오로지 자기 자신만 생각한다는게 분명해져요."

어떻게 하면 남편이 부부 관계를 파괴할 수 있을까요? 자신의 삶에서 아내를 낮은 우선순위에 두십시오. 계속 늦게 집에 들어오고, 자유시간 대부분을 아내를 제외한 다른 사람들과 활동하는데 보내십시오. 아내의 삶이나 의견, 감정에 대해 결코 질문하지 마십시오. 아내가 자신의 감정을 나누려 할 때 아내의 감정을 무시하고, '당신은 너무 감정적이야.', '당신이 이렇게 느끼는 건 호르몬 때문이야.', '그렇게 느끼면 안 돼.' 라고 말하십시오. 아내가 상처받았다고 표현하는 수사적인 질문을 하면, 주제적인 질문에만 대답하고 아내의 감정적인 고통은 무시하십시오. 아내가 당신이 한 말이나 행동 때문에 상처받았다고 말하려고 하면, 왜 그렇게 했는지 설명하고 자신의 행동을 정당화하고 스스로를 변호하십시오. 아내가 그렇게 강하게 부정적인 감정적 반응을 보일 만한 잘못을 당신이 하지 않았다고 설명하십시오. 이런 행동들을 한다면, 당신은 에베소서 5장 33절에서 성경이 명령한 '아내를 사랑하라' 는 임무와 정반대되는 것을 하는 것입니다. 아내의 가치 탱크에서 모든 사랑을 고갈시키고, 아내에게 죄를 짓고, 하나님께도 죄를 짓는 것입니다. 저는 레벨 2의 의사 소통에 대해서, 그리고 잰에게 사랑이 실제로 어떤 의미인지 눈이 멀어 보지 못했기 때문에, 결혼 첫 7년 동안 바로 이런 일을 매일 했던 것입니다.

왜 이 5가지 전략이 항상 갈등 해결에 효과적일까?

앞선 장에서 소개된 다섯 가지 전략이 항상 효과적인 이유는, 이 전략들이 아내의 가치 탱크를 그녀가 필요로 하는 연료인 사랑으로 채워주기 때문입니다. 갈등은 종종 아내의 가치 탱크가 고갈되었을 때, 그리고 남편이 자신을 사랑하는지 아내가 의문을 품을 때 일어납니다. 아내에게는 "당신 나를 사랑해요?"라는 단 하나의 질문만 있다는 것을 기억하십시오. 이제 아내를 사랑한다는 것이 실제로 무엇을 의미하는지 여러분은 좀 더 잘 알 것입니다. 아내가 당신으로부터 가치없다고 느낄 때마다, 대답을 듣고 싶어 하는 세 가지 질문은 다음과 같습니다:

1. 나는 당신의 삶에서 높은 우선순위에 있나요?
2. 당신은 내 생각, 감정, 의견을 소중하게 여기나요? 내 삶과 내 감정이 당신에게 있어 정말 중요한 가요?
3. 나를 상처줬을 때, 당신이 한 일을 인정하고, 그것에 대해 책임지고, 나를 상처준 것에 대해 회개하고 나에게 용서를 구할 건가요?

우리가 이야기한 다섯 가지 전략은 대화를 레벨 1의 주제적 레벨에서 레벨 2의 관계적 레벨로 옮겨주고, 위의 아내의 세 가지 사랑에 대한 질문에 긍정적으로 대답해 주도록 설계된 것입니다.

전략 ①과 ②는 대화를 레벨 1에서 레벨 2로 옮기도록 설계된 것이고, 전략 ③, ④, ⑤는 아내의 사랑에 대한 세 가지 질문에 긍정적으로 대답해주도록 설계된 것입니다.

여러분, 그 전략들을 기억하십니까?

▶ [전략 ①] 아내의 질문에 절대 진술문으로 대답하지 말라

▶ [전략 ②] 아내의 질문에 다른 질문으로 대답하라

왜 그렇게 해야 할까요? 왜냐하면 아내가 한 질문에 그대로 대답하려고 하면, 당신은 레벨 1에서 반응하게 되고, 그녀가 진짜 묻고 있는 레벨 2의 질문을 놓치게 되기 때문입니다.

이렇게 하면, 아내는 당신이 그녀를 사랑하지 않고, 단지 자신의 레벨 1의 말과 태도, 행동을 정당화하는 데만 관심이 있다고 확신하게 될 것입니다.

▶ [전략 ③] 아주 구체적인 두 가지 질문을 하라

   A. 여보, 당신 목소리 톤을 들으니까 내가 당신을 상처준 것 같아요. 맞아요?

   B. 내가 … 했을 때 당신을 어떻게 느끼게 했는지 말해주겠어요?

왜 이렇게 해야 할까요?

왜냐하면 이 두 가지 질문을 함으로써, 그녀가 했던 첫 번째와

두 번째의 사랑의 질문에 대해 아주 강력한 긍정적인 대답을 아내에게 전달해주기 때문입니다. 아내에게 위의 A질문을 하면, 당신은 대화를 주제적 질문에서 당신이 아내에게 준 감정적 고통에 대해 묻는 질문으로 완전히 전환시키는 것입니다. 이것은 아내에게 다음과 같은 아주 강력한 레벨 2의 관계적 메시지를 보내는 것입니다. "나는 주제가 무엇인지 전혀 신경 쓰지 않아요. 오직 당신만 중요해요. 나는 당신을 사랑하고, 당신이 나의 최우선 순위에요. 내가 당신을 상처줬다는게 느껴져서 굉장히 염려돼요. 내가 당신을 사랑받지 못하고 소중하지 않다고 느끼게 해서 나도 마음 아파요. 지금은 다른 모든 것을 제쳐두고 이 문제, 오직 당신의 행복만 신경 쓰고 있어요. 당신은 나의 최우선 순위일 뿐만 아니라 지금 이 순간 당신만이 나의 유일한 우선 순위에요." 이것이 바로 그녀의 첫 번째 사랑 질문인 "나는 당신 삶에서 높은 우선순위에 있나요?"에 대한 긍정적인 대답입니다.

아내에게 위의 B질문을 하면, 당신은 그녀의 감정과 삶에 대해 관심을 표현하는 것입니다. 그렇게 함으로써 그녀의 감정과 생각을 인정해 주고, 그녀의 두 번째 사랑 질문인 "당신은 내 생각과 감정, 의견을 소중하게 여기나요?"에 긍정적으로 대답하는 것입니다.

아내에게 "내가 당신을 어떻게 느끼게 했는지 말해주겠어요?"라고 물어보는 것은 당신이 진심으로 그녀의 삶과 감정에 관심이 있다는 것을 확인시켜 주는 것입니다. "내가 당신을 어떻게 느끼게 했는지 말해주겠어요?"라는 표현을 사용함으로써, 당신은 그녀에게 고통을 준 것에 대해 이미 책임을 지기 시작한 것입니다. 이렇게 하면 그녀의 마음이 당신에게 열리게 되고, 적대감이 훨씬 더 빨리 줄어들 것입니다.

▶ [전략 ④] 아내의 감정을 확인해 주어라

아내가 당신에게 나눈 감정을 아내에게 되풀이해서 말해주면, 당신은 그녀가 느끼는 감정을 완전히 이해하고 공감하고 있다는 것을 더욱 분명히 알려주는 것입니다. 이것은 다시 한번 그녀의 두 번째 사랑 질문인 "내 감정을 이해하고, 내 감정에 관심이 있나요?"에 대해 대답 해주는데 도움이 됩니다.

▶ [전략 ⑤] 아내에게 상처 준 것에 대해 책임을 지고 회개하고 용서를 구하라

전략 ⑤를 실행하면, 당신은 아내의 세 번째 사랑 질문에 매우 강력하게 대답하는 것입니다. 비록 의도하지 않았고 무심코 또는 어쩔 수 없었던 일이었을지라도, 레벨 2에서 아내에게 상처를 줬다는 것을 인정하는 것입니다. 이제 레벨 2에서 그녀에게 감정적인 고통을 준 것에 대해 진심으로 회개하고 용서를 구하면, 아내는 모든 비난을 내려놓고 당신을 용서할 것입니다. 그녀의 마음은 치유되고, 당신으로부터 깊은 사랑과 소중함을 느끼게 될 것입니다.

아내와의 관계에서 이 다섯 가지 전략을 실행하면 당신은 무엇을 한 걸까요? 당신은 아내의 가치 탱크를 채워주었고, 남편으로서

아내에게 해야 할 가장 중요한 임무를 완수한 것입니다. 성경 에베소서 5장 33절, "네 자신을 사랑하는 것 같이 아내를 사랑하라."에서 당신에게 하라고 명령한 그 한 가지를 한 것입니다.

제 4 장
아내의 관점에서 인간의
연료 탱크 이해하기

Solve Any Marriage Conflict in 5 minutes or less

대부분의 남편들에게 존경이란 무엇을 의미할까?

　　이제 입장을 바꿔서 대부분의 남편들에게 존경이 무엇을 의미하는지 살펴보겠습니다. 저는 아내에게 있어 사랑이 무엇을 의미하는지 남편이 잘 모르는 만큼 대부분의 아내들이 남편에게 있어 존경이 무엇을 의미하는지 잘 모른다는 것을 발견했습니다. 많은 여자들이 남편을 존경하는 것에 대해 거부감을 갖고 있 있는데, 그 이유는 일부의 성경 번역에서 존경을 '순종'으로 잘못 번역했기 때문입니다. 존경은 순종을 의미하지 않습니다. 제가 발견한 바에 따르면 존경은 세 가지 매우 다르고 구체적인 의미를 가지고 있습니다.

　　다시 한번, 부부 상담을 많이 하면서 남편들에게 아내가 어떤 행동을 하면 자신이 소중하게 여겨지고 존경받는다고 느껴지는지 물어볼 기회를 가졌습니다. 또한, 아내가 무엇을 하면 남편이 아내와 시간을 보내고 관계를 더 깊게 하고 싶어지는지 질문했습니다. 반복적으로 남편들은 아내가 다음 세 가지를 해 주면 자신이 아내에게 많이 끌리고, 격려받으며, 존경받는다고 느낄 것이라고 말했습니다

1. 나를 있는 모습 그대로 받아들여 주세요

　　"아내가 나를 바꾸려고 하지 않고 있는 모습 그대로 받아들여 주면 좋겠어요. 그런데 대부분의 경우, 아내는 본인이 보기에 내가 잘못하는 모든 점을 계속 지적하면서 나를 바꾸려고 해요. 내가 아내 눈에 보기에 만족스러운 사람이라

면, 그것이 나에게 큰 기쁨과 존경을 느끼게 해줄 것 같아요. 아내를 기쁘게 해주려고 아무리 애써도 나는 아내가 원하는 사람이 못 되고, 아내의 기대에 차지 못해요. 나는 남편으로서, 그리고 아버지, 남자로서 완전히 실패한 사람처럼 느껴져요. 아내는 나를 있는 모습 그대로 소중하게 여기지 않고, 존경하지 않아요. 아내가 직접 말하는, 또 말하지 않은 모든 기대에 맞게 내가 변해야지만 아내가 나를 용납할 것 같은데 그건 가능하다고 여깁니다."

2. 남편으로서 나를 존경해 주세요

"나는 아내로부터 존경과 인정의 말을 듣고 싶어요. 아내가 제게 '나는 당신이 남자로서, 남편으로서, 아버지로서, 영적 지도자로서, 당신 일에서 자랑스러워요.' 라고 말해준다면, 정말로 소중하게 여겨지고 존경받는다고 느낄 거예요. 제가 성취해내고 성공한 것에 아내가 관심을 기울이고 그것에 대해 칭찬해 준다면 정말 좋겠어요. 그런데 그게 아니라 아내는 자주 나를 다른 남자들과 비교하며 나에 대한 큰 실망을 표현해요. 내 앞에서 다른 사람들은 존경하면서도, 내 성과는 전혀 인정하지 않아요. 무엇을 해도 아내의 기대를 만족시킬 수 없고, 그녀의 존경을 받는 건 불가능하다고 느껴져요."

3. 나의 노력에 대해 감사해 주세요

"내가 아내를 사랑하고, 돌보고, 부양하며, 축복하기 위해서 하는 모든 노력에 대해 아내로부터 고맙다는 말을 듣고 싶어요. 감사는 나에게 있어 소중함과 존경을 느끼게 해주는 가장 중요한 표현 중 하나예요. 하지만 대부분의 경우, 아내는 고마워하기보다는 오히려 내가 아내를 축복하려고 애써서 한 일들 조차 흠을 잡아요."

그렇다면, 어떻게 하면 아내가 부부 관계를 파괴할 수 있을까요? 남편을 끊임없이 거절하십시오. 남편의 변화되어야 될 점들을 계속 말하십시오. 당신을 상처주는 남편의 행동들을 지적하며 남편을 변화시키려는데 집중하십시오. 친구에게 이야기하거나 부부 관계를 위해 기도를 부탁하는 척하며 남편에 대한 험담을 하십시오. 남편을 다른 남자들과 비교하고, 부족한 점을 남편에게 말하십시오. 그가 가정의 영적 우두머리가 아니라는 것에 대한 실망감을 표현하십시오. 절대 남편을 존경한다거나, 자랑스럽다고 말하지 마십시오. 그 대신 남편 앞에서 다른 남자들이나 리더들을 존경하는 말을 해서 남편이 당신 눈에 실패자로 느껴지게 만드십시오. 남편이 열심히 일하고, 가정을 부양하고, 당신을 돕기 위해 하는 모든 일에 대해 절대 고맙다는 말을 하지 마십시오. 남편이 잘하고 있는 부분에 대해서는 감사 표현을 하지 말고 당연하게 여기십시오. 그리고 당신의 기대에 못 미치는 모든 점에 대해 비판만 하십시오.

이런 행동들을 한다면, 당신은 에베소서 5장 33절에서 성경이 명령한 남편을 존경하라는 임무에 정반대 되는 것을 하고 있는 것입니다. 당신은 남편의 가치 탱크에서 존경을 완전히 고갈시키고 있으며, 남편에게 죄를 짓고 있을 뿐만 아니라 하나님께도 죄를 짓고 있는 것입니다.

저는 많은 아내들이 하나님께서 자신에게 주신 가장 중요한 임무가 남편을 변화시키는 것이라고 생각한다는 것을 발견했습니다. 기독교인 아내들이 이렇게 말하는 것을 여러 번 들었습니다. "하나님이 저를 이 남자의 아내로 두신 것은, 그를 하나님 의사람으로 변화시키기 위해서에요." 그러나 이것은 하나님께서 아내에게 주신 임무가 아닙니다. 사실, 남편을 하나님의 사람으로 변화시키는 것은 성령님이 하실 일입니다. 따라서 그런 믿음을 가진 아내는 남편의 삶에서 하나님의 역할을 대신하려는 것입니다.

그렇다면 남편과 관련해서 아내가 맡은 임무는 무엇일까요? 성경은 에베소서 5장 33절에서 모든 아내에게 그 임무를 주고 있습니다. 아내가 할 일은 남편의 가치 탱크를 존경으로 채워주는 것입니다. 그게 무슨 뜻일까요? 그것은 곧 남편을 있는 모습 그대로 받아들이고, 존경하며, 그에게 감사하는 것을 의미합니다.

한 아내가 제게 이렇게 대답했습니다. "하지만 남편이 잘못하는 것을 제가 말해주지 않으면, 그가 어떻게 변화되겠어요?" 저는 이렇게 대답했습니다. "당신, 무신론자시군요. 누가 그걸 남편에게 말해줄 거라고 생각하세요? 물론 하나님이시죠! 그건 하나님이 하실 일이에요. 당신이 할 일이 아닙니다. 그런데 하나님이 하나님의 일을 하시리라 믿지 않으면, 당신은 계속해서 성령님보다 앞서 나가고, 당신이 남편의 성령님이 되려고 하죠. 그러면 그럴 수록, 오히려 남편의 가치 탱크에서 모든 연료(존경)를 고갈시키고 있는 것입니다."

저는 또 다른 아내에게 이렇게 말했습니다. "만약 당신의 남편이 100가지 일을 하는데 그 중 95가지는 당신 마음에 들지 않고, 변화되어야 된다고 생각한다면, 남편이 잘 하고 있는 5가지에 대해서 남편에게 감사 표현을 하세요. 잘못하고 있는 95가지에 대해서는 하나님께 말씀드리세요. **그게 바로 중보기도입니다!** 남편을 변화시킬 수 있는 분은 하나님이시고, 당신은 아닙니다. **당신이 할 일은 남편을 변화시키는 것이 아니라, 그의 가치 탱크를 용납과 존경과 감사 즉, 존경으로 채워주는 것입니다.**"

아마도 여러분은 부부 관계에서 어떻게 퇴행적인 악순환이 일어나는지 이미 알 것입니다. 이 악순환은 서로가 상대방의 가치 탱크를 고갈시키는 방식으로 지속되며, 다음과 같은 식으로 자주 전개됩니다.

1. 남편은 바쁘고 아내를 자신의 삶의 우선순위에 두지 않는다.
2. 아내는 남편이 너무 바쁘고 자신과 시간을 보내지 않는다고 불평한다.
3. 남편은 왜 바쁜지 설명하며 자신을 변호하고 자신의 행동을 정당화한다.

4. 아내는 자신이 우선순위가 낮다고 느끼며 자신의 감정을 설명하려한다.
5. 남편은 거절당하고 비판받는다고 느끼며, 아내의 감정이 너무 과하다고 하며 아내의 감정을 무시한다.
6. 둘 사이에 더 자주 갈등이 생기고 더 많이 부부 싸움을 하기 시작하며 아내는 남편을 비난하고 비판하고, 남편은 자신을 변호하고 정당화한다.
7. 남편은 아내와 시간을 보내지 않으려 더 많은 이유를 찾게 되고, 그로 인해 아내는 더욱 사랑받지 못하고 소중하게 여겨지지 않는다고 느낀다.
8. 아내는 남편을 더 많이 비판하고, 남편을 변화시키고 자신에게 관심을 기울이도록 더욱 애쓰는데, 그로 인해 남편은 더욱 무시당하고 소중히 여겨지지 않는다고 느낀다.

위의 상황은 우리 결혼 생활 첫 7년을 꽤 잘 묘사해줍니다. 우리는 어떻게 그것을 변화시켰을까요? 갈등이 발생할 때마다 2장에 나오는 다섯 가지 전략을 실행하기 시작하면서 모든 것이 바뀌었습니다.

아내가 갈등을 해결하기 위해 사용할 수 있는 다섯 가지 전략은 무엇일까?

남편이 갈등을 아주 빠르게 해결할 수 있는 다섯 가지 전략을 이해한 후, 저는 아내도 어떻게 아내의 입장에서 같은 일을 할 수 있을지 주님께 물어보기 시작했습니다. 갈등을 해결하려면 아내가 남편의 존경 질문에 대해 긍정적으로 대답해 줄 수 있어야 한다는 것을 저는 깨달았습니다. 남편의 존경 질문은 다음과 같습니다.

1. 나를 있는 모습 그대로 받아들이고 바꾸려 하지 않을 건가요?
2. 나를 존경하고 내가 성취해 낸 것을 인정해 줄 건가요?
3. 나에 대해 고마워하고, 당신을 기쁘게 해주려는 나의 노력에 대해 감사 표현을 할 건가요?

그렇다면, 남편에게 존경을 전하기 위해 이 질문들에 긍정적으로 대답하는 것을 바탕으로, 고조되는 갈등을 해결하기 위해 아내가 사용할 수 있는 다섯 가지 전략은 무엇일까요? 제가 제안하는 전략은 다음과 같습니다.

▶ [전략 ①] 남편을 비난하고 그가 잘못한 점을 깨닫게 하려는 시도를 멈추라

왜 그럴까요? 그것은 아마도 남편이 레벨 2의 문제를 이해하지 못하고 레벨 1에서 자신의 말과 행동을 설명하고 변호하며 정당화할 것이기 때문입니다. 이것은 당신을 더 좌절시키고 더 화나게 만들 것입니다. 더욱이, 남편의 잘못을 깨닫게 하는 것은 당신이 할 일이 아닙니다. 그것은 하나님이 하실 일입니다. 당신이 할 일은 남편의 가치 탱크를 존경으로 채워주는 것입니다.

▶ [전략 ②] 대화를 레벨 2로 옮겨주고 남편의 세 가지 존경 질문에 대답해 주도록 설계된 질문을 하라

레벨 1에서는 결코 갈등을 해결할 수 없을 것입니다. 따라서 남편에게 보내고 있는 관계적 가치 메시지를 다루기 위해서는 반드시 대화를 레벨 2로 옮기는 것이 중요합니다.

▶ [전략 ③] 아주 구체적인 두 가지 질문을 하라

A. "내가 당신을 못마땅하게 여기고, 당신에 대해서, 그리고 당신이 나를 기쁘게 해주려는 노력에 대해서도 고마워하지 않는다고 느끼게 한 것 같아요. 맞아요?"

B. "내가 … 을 했을 때 당신을 어떻게 느끼게 했는지 말해 줄 수 있어요?"

왜 이 두 가지 질문을 해야 할까요? 이 질문들은 대화를 빠르게

레벨 1에서 레벨 2로 옮겨주고 남편의 존경 질문에 대답해주기 시작하기 때문입니다. 위의 A질문을 하면, 당신은 남편을 거절했고 그가 당신 눈에 보기에 용납될 만하지 않고 감사할 만하지 않다고 느끼게 했음을 이해한다고 인정하기 시작하는 것입니다. 당신은 남편을 비난하기를 멈추고 그를 변화시키려는 동기를 내려놓은 것입니다. 또한 그가 당신 눈에 보기에 가치없고 못마땅하다고 느끼게 한 것에 대해 당신이 염려하고 있음을 표현하고 있는 것입니다. 이 질문은 그를 용납한다는 표현이며, 남편이 마음을 열고 방어적인 태도를 내려놓기 시작하게 할 것입니다.

위의 B질문을 하면 당신은 남편이 당신에게 미친 영향에 대해서만 이기적으로 말하는 것이 아니라, 당신이 남편에게 미친 영향에 대해서 염려를 표현하는 것입니다. 남편이 마음을 열고 자신의 진실된 감정을 털어놓을 때 당신이 더 이상 남편을 비판하거나 그를 변화시키려 하지 않을 것이라고 남편이 확신하게 되면, 남편은 마음을 열고 자신의 진실된 감정을 당신에게 나누게 될 것입니다.

▶ [전략 ④] 남편을 존경하지 않고 그의 가치 탱크를 고갈시킨 것에 대해 책임을 지고 회개하고 용서를 구하라

전략 ④를 실행하면, 당신은 남편을 강력하게 용납하는 것이고, 그의 있는 모습 그대로 당신에게 만족스럽다는 것을 확신시켜 주는 것입니다. 또한, 당신의 겸손함을 보여 주는 것이기에 남편이 방어적인 태도를 버리고 감정적 긴장이 완화될 것입니다. 이 단계에서는

남편이 거절당하고 비판받고, 비난받고, 감사하게 여겨지지 않는다고 느끼게 만든 구체적인 방식에 대해 회개하고 용서를 구하십시오.

▶ [전략 ⑤] 결혼 생활에서의 남편의 노력에 대해 감사하라

전략 ⑤를 실행하면, 당신은 남편의 두 번째와 세 번째의 존경에 대한 질문에 대답해 주는 것입니다. 이 단계에서는 남편이 잘 한 것과 당신을 축복하고, 사랑하고, 돌보려고 기울인 노력에 대해 감사를 표현하십시오. 당신이 남편을 존경하는 점을 그에게 말해주고, 그가 당신을 위해 노력해준 것에 대해 감사를 표현하십시오.

남편과의 관계에서 이 다섯 가지 전략을 실행하면 당신은 무엇을 한 것일까요? 당신은 남편의 가치 탱크를 존경으로 가득 채워준 것이고, 아내로서 남편에 관한 가장 중요한 임무를 완수한 것입니다. 당신은 에베소서 5장 33절, "아내는 남편을 존경하라"에서 성경이 하라고 명령한 것을 한 것입니다.

우리 부부 관계는 식당에서 조쉬가 햄버거를 먹던 그 첫 경험 이후로 매우 긍정적인 방향으로 완전히 변화되었습니다. 이것을 효과적으로 만들기 위해 반드시 부부 두 사람 다 이것을 해야 되는 것은 아닙니다. 남편이든 아내든, 둘중 한 사람이 조건 없이 일방적으로 이 전략들을 실행하기로 선택하면 됩니다. 배우자도 같이 보답해주기를 기다려서는 안 됩니다. 제 경험상, 서로 50:50으로 노력하자는 접근 방식은 100% 실패했습니다. 따라서 여러분이 자아에 대해 죽고, 조건 없이 이 다섯 가지 전략을 실행하기로 선택한다면, 여러분의 부부 관계의 역동은 급진적으로 변화될 것입니다.

제가 아내 잰과 함께 배운 우리 부부 관계를 완전히 변화시킨 핵심 원리들을 다시 한번 정리해 보겠습니다

1. 두 레벨의 의사소통을 이해하라.
2. 당신이 배우자에게 보내고 있는 레벨 2의 메시지에 대해 당신의 눈이 멀어 보지 못하고 있음을 인정하라.
3. 우리 모두에게는 채워져야 되는 가치 탱크가 있다는 것을 배우라.
4. 부부 관계에서 당신의 주된 임무는 배우자의 가치 탱크를 채워주는 것이지, 배우자가 당신의 가치 탱크를 채워주도록 하는 것이 아님을 배우라.
5. 당신의 배우자는 당신과는 다른 연료를 사용한다는 것을 배워라. 아내는 사랑을 연료로 사용하고, 남편은 존경을 연료로 사용한다.
6. 대부분의 여자에게 사랑을, 대부분의 남자에게 존경을, 그리고 특히 당신의 배우자에게 사랑 또는 존경을 실제적으로 보여주는 세 가지 태도를 발견하라.
7. 당신의 배우자의 가치 탱크를 채워주는 구체적인 연료가 무엇인지 이해하게 되면, 배우자에게 그것을 정기적으로 공급해주어라.

제 5 장
사과하고 진정으로
용서받는 방법

Solve Any Marriage Conflict in 5 minutes or less

이전 장들에서 저는 남편이나 아내 중 누구든지 갈등을 신속하게 해결하도록 사용할 수 있는 다섯 가지 전략에 대해 말씀드렸습니다. 남편과 아내 둘 다 이 전략을 사용할 때 사과하고 용서 구하는 것을 해야 됩니다. 그런데 많은 기혼자들이 저를 찾아와 이렇게 불평하곤 합니다:

"그 다섯 가지 전략을 그대로 따라 해봤지만 효과가 없었고, 배우자가 저를 용서해주지 않았어요."

과정 중에 무엇이 잘못되었는지 조사해 본 결과, 아무도 우리에게 효과적으로 용서를 구하는 방법을 가르쳐준 적이 없다는 것을 알게 되었습니다. 그 결과, 많은 사람들이 무심코 비효과적인 방식으로 용서를 구하게 되고, 오히려 더 큰 상처를 입히는 경우도 많았습니다. 또한, 어떤 사람들은 사과하지 않아도 정당하다고 느끼는 나름의 이유를 가지고 있습니다. 그래서 이 장에서는, 배우자로부터 진심 어린 용서의 반응을 이끌어낼 수 있는 사과 방법을 가르쳐 드리고자 합니다.

변호사를 해고하라

잰과 제가 부부들을 대상으로 일하기 시작하면서 깨달은 점은, 모든 갈등의 한쪽에는 무가치하게 여겨지고, 자신의 말을 들어주지 않는다고 느끼는 사람이 있고, 다른 한쪽에는 비판받고 억울하게 비난받는다고 느끼는 사람이 있습니다. 항상 그런 것은 아니지만, 부부 갈등에서 대부분의 경우는 아내가 보통 무가치하게 여겨진다고 느끼는 사람이고, 남편은 억울하게 비난받는다고 느끼는 사람입니다.

몇 년 전, 잰과 저는 필리핀에서 갈등을 겪고 있는 한 부부에게 사역해 주고 있었습니다. 그 아내가 말하길, 남편이 변호사인데, 집에서 남편과 관계할 때도 마치 계속 변호사와 논쟁을 벌이는 느낌이 든다고 했습니다. 남편 때문에 상처받았다고 그녀가 아무리 말하려 해도, 아내를 사랑하는 남편과 말하는 것이 아니라, 법정에서 변호를 하는 변호사와 이야기하는 것처럼 느껴진다고 했습니다. 그녀는 이렇게 토로했습니다. "저는 남편의 변호사와 이야기하고 싶지 않아요. 저는 그냥 남편과 이야기하고 싶고, 남편이 제 말을 들어줬으면 좋겠어요."

이에 남편은 즉시 이렇게 대답했습니다. "제가 변호사처럼 대응하는 이유는 저도 아내와 이야기하는 것이 아니라, 마치 그녀의 검찰 변호사와 이야기하는 것 같은 느낌이 들기 때문이에요. 저 역시 비난하는 변호사와 이야기하고 싶지 않아요. 그냥 아내와 이야기하고 싶어요." 저는 이 부부에게 먼저 그들의 변호사를 해고하고 다섯 가지 전략을 따라 해보라고 제안했습니다.

그런데 이 부부의 이야기를 들으면서 저는 우리 모두 내면에 작은 변호사가 살고 있다는 사실을 깨달았습니다. 갈등이 시작되면 자연스럽게 우리 내면의 변호사가 나타나 대화를 주도하려고 합니다.

무가치하게 여겨진다고 느끼는 사람 안에는 검찰 변호사가, 억울하게 비판받거나 비난받는다고 느끼는 사람 안에는 변호사가 올라오는 것입니다.

변호사의 주요 임무는 무엇일까요? 일반적으로 다음과 같습니다:

1. 증거 수집하기
2. 증인을 찾고 준비시키기
3. 사건을 준비하고 발표하기
4. 사건에서 승소하기

갈등이 시작되면, 무가치하게 여겨진다고 느끼는 사람(대개 아내) 안에 있는 변호사는 남편이 자신을 사랑받지 못하고 무가치하게 느끼게 만든 모든 행동을 목록으로 작성하기 시작합니다. 그리고는 친구들에게 그 목록에 대해 말하며 자신의 사건에 대한 지지와 증인을 찾으려 합니다. 그리고 적절한 시기가 되면, 그녀는 자신의 증거와 증인, 그리고 사건을 제시하여 남편이 의심할 여지없이 유죄라는 것을 입증하려 합니다.

보통 억울하게 비난받는다고 느끼는 남편 안에 있는 변호사는 자신이 무죄이고, 아내가 부당한 소송을 제기했다는 것을 입증할 증거와 증인을 모으기 시작합니다.

효과적으로 용서를 구하고 다섯 가지 전략을 따라 갈등을 해결하기 위해서는 양 당사자가 내면에 있는 작은 변호사를 해고해야 된다는 것을 저는 알게 되었습니다. 필리핀 부부에게도 바로 이 점을 전했습니다. 두 사람이 각자 마음속 변호사를 해고하고, 사건을 취하한 뒤 다섯 가지 전략을 따랐을 때, 그들은 그 당시의 갈등을 아주 신속하게 해결할 수 있었고, 정기적으로 갈등을 해결하는 과정을 배우게 되었습니다.

당신은 천국 법정에서 배우자를 고발하는 증인인가?

몇 년 전, 잰과 제가 처음 로버트 헨더슨(Robert Henderson) 의 『하늘 법정으로 가는 기도(Operating in the Courts of Heaven)』[1]라는 책을 읽고 가르침을 들었을 때, 우리가 사용하는 말에 대해 우리는 크게 찔렸습니다. 로버트는 사탄이 형제들을 참소하는 자로서 천국 법정에 서서 밤낮으로 우리를 참소하는 사실에 대해 말합니다. 지상의 검사와 마찬가지로, 사탄은 천국에서 자신의 주장을 펼치는 데 도움이 될 증인을 항상 찾고 있습니다.

천국 법정에 관한 그 가르침을 들으면서, 우리 두 사람은 우리가 때때로 형제자매들이나 가족들에 대해 불리한 많은 증거를 영적 원수인 검사에게 제공했다는 사실을 깨달았습니다.

사탄인 검사는 천국 법정에서 판사(재판관)인 하나님 앞에 서서

---

[1] 로버트 헨더슨, 『하늘 법정으로 가는 기도: 하나님의 열정을 이루시고 우리의 기도에 응답하시도록 법적 권한을 하나님께 드리기』, THE PASSION(더패션) 2015-01-02

당신 남편에 대해 이렇게 선언합니다. "심지어 그 남자의 아내마저 그의 혐의를 증언하면서 '그는 … 로 인해 유죄다.' 라고 말합니다."

또는 사탄은 천국 법정에서 남편의 말을 아내를 고발하는 증언으로 사용합니다.

이것을 알게 된 후, 우리는 예수님께서 마태복음 12장 36절, **" 그러나 내가 너희에게 이르노니 사람이 무슨 무익한 말을 하든지 심판 날에 이에 대하여 심문을 받으리니 "** 에서 하신 말씀의 의미를 이해하게 되었습니다. 부부가 다툴 때, 많은 경우 서로에 대해 무익한 말을 많이 하고, 이런 말들이 서로를 고발하는 증언이 됩니다. 저는 사탄이 이 모든 말을 기록하여 천국 법정에서 배우자를 고발하는 데 사용한다고 확신합니다.

저는 여러분이 천국 법정에서 검사인 사탄에게 배우자를 고발할 많은 실탄을 제공하는 것이 아니라, 마음속의 작은 변호사를 해고하고 다섯 가지 전략을 실행하여 갈등을 해결하라고 제안합니다. 우리의 적인 사탄이 천국 법정에서 배우자를 고발하는데 증언으로 사용할 많은 말을 하기 보다는, 질문을 하기 시작해서 대화를 레벨 2로 옮기십시오.

배우자의 진정한 용서를 이끌어내는 세 가지 열쇠

저는 배우자의 마음에서 진정한 용서를 이끌어내는 데에는 세 가지 열쇠가 있다는 것을 발견했습니다. 이 세 가지는 마치 조합 자물쇠 안에 있는 세 개의 잠금 장치와 같습니다. 세 잠금 장치가 모두 맞춰지면 자물쇠가 자동으로 열립니다. 이 세 잠금 장치가 진정한 용서의 자물쇠를 열수 있도록 감정적으로 상처받았거나 불쾌해진 사람이라면 누구나 마음속에 품고 있는 세 가지 질문에 대답해 주십시오.

상처받은 사람이 가해자로부터 대답을 듣고자 하는 세 가지 질문은 다음과 같습니다.

1. 당신의 어떤 행동 때문에 내가 상처받았는지 아나요? 당신이 내게 어느 정도의 고통을 줬는지 이해하나요?
2. 내가 상처받은 것에 대해 당신은 신경을 쓰나요, 아니면 전혀 개의치 않나요?
3. 나를 상처 준 것에 대해 책임을 지고 회개하며 용서를 구할 건가요?

용서의 자물쇠를 열기 위해서는 가해자인 당신이 레벨 2의 의사소통에서 위의 세 가지 질문에 대해 '네'라고 대답할 수 있어야 합니다. 남편과 아내를 위한 다섯 가지 전략은 바로 이것을 자동적으로 해주도록 설계된 것입니다.

당신이 하던 일을 멈추고 배우자의 감정에 대해 질문하며 그에게 관심을 집중하면, 이는 곧 당신이 배우자의 삶에 미치는 영향력이 당신에게 있어 가장 우선 순위라는 것을 전달하는 것입니다. 그 다음, 당신의 행동이 배우자를 어떻게 느끼게 했는지 얘기해 달라고 요청하고, 그 고통에 대해 공감과 염려를 전달하면, 이는 위의 1번과 2번 질문에 긍정적으로 대답한 것입니다. 그리고 그 고통을 준 것에 대해 책임지고, 회개하고, 용서를 구하면 당신은 위의 3번 질문에도 긍정적으로 대답한 것입니다.

하지만, 만약 당신(남편)이 아내에게 자신의 말이나 행동을 설명하고 변호하고 정당화하거나, 당신(아내)이 남편을 비판하고 불평하고 그가 잘못한 것이라고 설득하려고 하면, 당신은 위 세 가지 질문에 모두 부정적으로 대답한 것이 되어, 배우자는 마음을 닫고 당신을 용서하지 않을 것입니다.

이 모든 내용을 기억할 필요는 없습니다. 왜냐하면 이전 장에서 설명한 다섯 가지 전략을 진심으로 따라간다면, 자연스럽게 이 세 가지 질문에 모두 긍정적으로 대답하게 될 것이고, 배우자의 마음이 열리고 진심으로 당신을 용서할 것이기 때문입니다.

많은 사람들이 사과하지 않는 네 가지 이유

부부 갈등을 해결하기 위한 다섯 가지 전략을 제시했을 때, 많은 사람들이 다음 네 가지 이유 중 하나나 그 이상 때문에 용서 구하고 싶어하지 않는다는 것을 알게 되었습니다. 이 각각의 이유는 거짓된 생각에 뿌리를 두고 있으며, 결국 바라는 결과와 정반대의 결과를 초래하게 됩니다.

1. 나는 잘못한 것이 없다고 생각해. 왜 내가 사과하고 용서를 구해야 해?

갈등이 시작될 때, 남편이나 아내는 자신이 전혀 잘못하지 않았거나, 적어도 상대방에 비해 자신의 잘못은 아주 작다고 생각하는 경우가 많습니다. 그래서, "내가 잘못한 것이 없는데 왜 사과해야 하나요?"라고 묻습니다.

이 질문에 대한 대답은 이미 이전 장들에서 이해하셨을 것 같습니다. 레벨 1에서는 당신이 잘못한 것이 없을지라도, 레벨 2에서는 배우자의 마음에 상처를 주고 그의 가치 탱크를 고갈시켰을 수 있습니다. 성경 에베소서 5장에서 지시하는 대로 아내를 사랑하지 못했고, 남편을 존경하지 못했습니다. 그러므로, 레벨 1의 주제적인 쟁점에 집중하던 것에서 벗어나 레벨 2의 관계적 쟁점으로 초점을 전환하고, 배우자의 마음을 다치게 한 것에 대해 하나님이 당신 마음에 염려하는 마음을 주실 수 있게 하십시오.

의도적이든 아니든 배우자의 마음에 상처를 주고 사랑받지 못하고, 무가치하게 여겨진다고 느끼게 했거나 존경받지 못하거나 감사하게 여겨지지 않는다고 느끼게 했다면, 그 상처에 대해 책임을 지고 사과할 의무가 당신에게 있습니다.

2. 내 안의 작은 변호사가 자신의 주장을 펼치고 논쟁에서 이기고 싶어 한다

때때로 우리 안에 있는 작은 변호사는 자신의 주장을 포기하고 싶어 하지 않습니다. 우리 모두 내면에는 내가 옳다고 여기며, 논쟁에서 이기고 싶어 하는 욕구가 있습니다. 저는 이것의 근본 동기가 교만이라고 확신합니다. 우리는 "내가 맞아. 그리고 저 사람도 내가 맞다는 것을 인정해 주길 나는 원해."라고 생각합니다.

하지만 진실은, 당신이 논쟁에서 이길지라도 부부 관계를 잃게 되거나, 끊임없이 다투며 불행하게 살게 될 거라는 것입니다. 그래서 저는 여러분이 겸손하게 내면의 변호사를 해고하고 다섯 가지 전략을 따를 것을 제안합니다. 배우자의 마음에 관심을 기울이고 회개하며 용서를 구하십시오. 그러면 훨씬 더 행복한 관계가 될 것입니다.

3. 사과하면 내가 약해 보이고 관계에서 신뢰와 권위를 잃게 될 거야

실제로는 정반대입니다. 내면이 불안정하고 교만으로 가득한 사람일수록 누군가에게 상처를 준 것에 대해 겸손하게 책임을 지고 용서를 구하는 것을 꺼립니다. 신뢰는 겸손과 투명함(솔직함)에서 비롯됩니다. 예수님의 삶을 생각해 보십시오. 성경은 예수님께서 겸손하게 자신을 따르던 자들 앞에서 겉옷을 벗고 무릎을 꿇고 그들의 발을 씻어 주셨다고 기록하고 있습니다.

예수님의 이 이야기를 읽을 때, 예수님이 우리의 신뢰와 존경을 잃게 되나요, 아니면 신뢰와 존경을 더 얻게 되나요? 예수님이 신뢰를 얻게 된다고 대부분의 사람들이 말할 것입니다. 우리는 생각합니다. "와! 예수님은 정말 내면의 안정감이 있는 리더다! 그 분은 집안일 하는 종들이 하는 일을 하시며 제자들을 축복해 주셨어. 존경받기 위해서 다른 사람들보다 자신을 더 높이려고 하지 않았던 리더야. 나도 그런 리더가 되고 싶어."

모든 사람은 내적인 안정감이 있고 겸손하게 행동하는 사람에게 끌리며 그런 사람을 따르고 싶어 합니다. 반면, 불안정하고 교만하고 통제권을 유지하기 위해 자신을 높이려는 사람은 모두가 거부합니다. 성경 야고보서 4장 6절은 "하나님이 교만한 자를 물리치시고 겸손한 자에게 은혜를 주신다."라고 말합니다. 진실은, 겸손하게 행하고, 타인에게 상처를 준 것에 대해 책임을 지며, 회개하고 용서를 구하는 것이 관계에서 더욱 강력한 위치와 존경을 얻게 한다는 것입니다.

4. 내 배우자가 자신의 잘못을 인정하려 하지 않기 때문에 이건 공정하지 않아. 그 사람은 잘못을 인정하지 않는데 왜 내가 사과해야 돼?

이 변명은 용서해 주거나 용서를 구하는 것이 상대방의 회개나 반응에 따라 결정되는 쌍방의 거래라는 거짓된 생각에 근거하고 있습니다. 위의 말은 그렇게 말하는 사람이 아직 상대방을 용서하지 않았다는 사실을 보여줍니다. 예를 들어, 제가 용서는 쌍방적인 것이라고 믿는다면, 잰이 저를 상처준 잘못에 대해 잰이 회개하고 사과하기 전까지는 잰을 용서할 수 없습니다.

그렇게 믿는다면, 저는 제 잘못에 대해 책임을 지고 아내에게 용서를 구하지 않아도 완전히 정당하다고 느낍니다. 아내가 회개하지 않고 잘못을 바로잡지 않으면, 정의가 실현되지 않은 것이고, 제가 회개하고 용서를 구해야 한다는 것은 완전히 불공정한 것이 됩니다. 이런 생각의 전개는 모두 거짓된 생각에 근거하고 있습니다.

진실은, 진정한 용서는 하나님과 나 사이에 단독으로 이루어지는 일방적인 거래라는 것입니다. 용서는 가해자와는 아무런 관련이 없습니다. 제가 말하고자 하는 바는 다음과 같습니다. 제 아내가 저에게 지은 죄의 값을 예수님이 이미 자신의 피와 죽음으로 지불하셨습니다. 그래서 저에게는 두 가지 선택 사항이 주어집니다. 저는 잰이 저에게 지은 죄의 값을 예수님이 지불해 주시는 것을 받아들이든지 아니면, 그의 죽음과 보혈을 거절하고, 잰이 저에게 지은 죄에 대해 그녀가 회개하고 용서를 구해야 된다고 고집할 수 있습니다. 만약 후자를 선택한다면, 본질적으로 제 아내가 저를 향해 지은 죄값을 예수님이 지불해 주시는 것을 거절하는 것이기에 예수님께 "십자가 위에서 당신이 피 흘리고 죽으신 건 제게 쓸모없는 것이었습니다."라고 말하는 것입니다.

물론, 그것을 이해한다면 전 그렇게 하고 싶지 않을 것입니다.

그래서, 제 아내가 저에게 지은 죄값을 예수님의 보혈이 충분히 지불 해줄 수 있다고 받아들이면, 그녀가 제게 감정적으로 빚 진 것을 예수님이 갚아 주셨기 때문에 저는 이제 잰의 빚을 탕감해 주고 용서하게 됩니다. 따라서 제가 아내를 용서하는 것은 그녀가 제게 죄 지은 것에 대해 그녀가 인정하는지, 아닌지에 근거한 것이 아니라, 아내의 죄를 위해 예수님이 죽으셨고 아내의 죄값을 그 분이 지불해 주신 것에 근거한 것입니다. 그래서, 진정으로 마음에서 용서하는 것은 가해자와는 아무 상관이 없으며, 오직 예수님께서 값을 지불하신 것을 받아들여서 가해자에 대한 분노를 거두는 것과 관련이 있습니다.

예수님의 보혈이 잰이 제게 지은 죄의 값을 지불해 주셨다고 제가 받아들이면, 정의가 실현된 것입니다. 죄의 문제가 이제 바르게 되었으며, 이제 공정해졌고, 정의는 제가 아내에게 잘못한 것을 인정하고 그녀에게 용서를 구할 것을 요구합니다. 배우자가 자신의 죄를 인정할 때까지 내가 용서를 구하지 않는 것은 예수님의 보혈을 거절하는 것이며, 그 사람이 자신의 죄값을 스스로 지불해야 한다고 고집하는 것입니다. 저는 예수님의 눈을 보며 이렇게 말하고 싶지 않습니다. "제 아내가 제게 지은 죄 값을 당신의 보혈과 죽음으로 지불해주는 것 거절합니다. 내 아내가 그 값을 지불해야 됩니다." (마태복음 18:35)

사과가 받아들여지기 위한 네 가지 태도

용서를 구하는 데 있어서의 장애물이나 변명이 제거되었다면, 이제는 배우자가 마음을 열어 당신의 사과를 받아들이고 용서할 수 있기 위해 필요한 네 가지 태도를 살펴보겠습니다.

예수님은 **마태복음 7장 12절에서 "남에게 대접을 받고자 하는 대로 너희도 남을 대접하라."**고 말씀하셨습니다. 따라서 배우자에게 용서를 구하기 위해 어떻게 접근하는 것이 좋을지 결정하는 가장 좋은 방법은, 누군가가 당신에게 용서를 구할 때 어떻게 접근해 주면 좋을지를 먼저 생각해 보는 것입니다.

배우자가 당신에게 용서를 구하려고 접근할 때 이런 태도로 접근하면 좋을까요? 교만하고, 거만하고, 판단하고, 쓴 뿌리로 가득하고, 조종하고, 거짓말하고, 부분적인 진실만 말하고 자신의 잘못은 인정하지 않으면서 단지 당신이 논쟁하는 걸 멈추게 하려한다면 당신은 그 접근 방식이 좋을까요? 물론 아닐 것입니다.

따라서 용서하도록 마음을 열게 하기 위해서는 이것과 반대되는 태도가 더 효과적일 것입니다. 갈등을 해결하기 위해 다섯 가지 전략을 따라간다면, 당신은 다음의 네 가지 태도로 배우자에게 접근하는 것입니다.[2]

---

2 Ford Taylor, Transformational Leadership, Course.
https://www.transformlead.com/

1. 겸손함

겸손하다는 것은 더 이상 자신의 행동을 설명하거나 정당화하지 않는다는 것입니다. 그 일이 정말 어쩔 수 없이 일어난 일이었거나 전혀 의도하지 않은 것일지라도, 당신이 배우자에게 상처를 준 것에 대해 온전히 책임을 지는 것입니다.

2. 미리 용서하기

이것은 당신이 배우자에게 용서를 구하기 전에, 배우자가 당신에게 잘못한 것을 당신이 주님과의 관계 안에서 이미 마음속에서 다루었다는 것을 의미합니다. 즉, 배우자가 당신에게 잘못한 것에 대해 예수님께서 이미 값을 지불하셨음을 받아들였다는 의미입니다. 당신이 용서를 구하는 목적은 당신의 배우자도 그렇게 하도록 조종하려는 것이 아닙니다. 당신은 배우자에게 용서 구하려고 배우자에게 접근하기 전에, 배우자가 잘못한 것에 대한 값을 예수님이 지불해 주시도록 하고 당신 자신을 그것으로부터 자유롭게 함으로 이미 쓴 뿌리, 분노, 또는 용서하지 못하는 마음을 다룬 것입니다. 당신의 마음은 이미 완전히 자유롭습니다.

3. 공감과 사랑

이것은 자신보다 배우자의 안녕에 더 관심을 가지는 것을 의미합니다. 또한 당신이 배우자를 어떻게 상처 줬는지 이해하고, 그 사람의 감정에 공감하며, 배우자의 가치 탱크를 고갈시킨 것에 대해 염려를 표현하는 것을 의미합니다.

4. 100% 진실함

이는 숨겨진 의도나 감추는 것이 없다는 의미입니다. 당신이 배우자의 가치 탱크를 고갈시키는 관계적 메시지를 보냈다고 하나님이 보여주신 모든 것을 인정하고, 그 잘못에 대해 용서를 구하는 것입니다.

효과 없는 사과의 말

이 장의 시작에서 언급했듯이, 많은 사람들이 사과를 시도하지만 그 사과가 받아들여지지 않는 것을 경험합니다. 그러면 대부분의 사람들은 다음과 같은 일반적인 결론을 내립니다. "내 아내/남편은 쓴 뿌리로 가득해서 나를 용서하지 않으려 해. 나는 이미 용서를 구하는 내 역할을 다 했어. 이제 나를 용서하는 건 그 사람에게 달렸어."

많은 경우 사과가 받아들여지지 않는 이유는 사과가 용서하도록 마음을 여는 것이 아니라 오히려 상대방의 마음에 더 상처를 주는 방식으로 표현되었기 때문입니다. 사과가 전에 언급한 세 가지 잠금 장치를 맞춰주지 못했기 때문에 용서의 자물쇠가 열리지 않은 것입니다.

효과적인 사과를 하는 단계와 그것이 성공적으로 이루어지게 할 방법을 살펴보기 전에, 부부들이 흔히 사용하는, 그러나 전혀 효과가 없는 표현들을 몇 가지 나누겠습니다. 만약 당신이 용서를 구할 때 배우자가 **용서해주지 않기를 정말 원한다면**, 다음 중 하나의 표현을 사용하십시오.

1. "내가 당신을 상처 줬다면 미안해요."
2. "기분 나쁘게 했다면 미안해요. 용서해 달라고 부탁하고 싶어요."
3. "우리 둘 다 진심이 아닌 말을 했는데, 내가 한 말에 대해 사과하고 싶어요."
4. "우리 둘 다 실수를 하고 서로 상처를 줬는데, 내 잘못에 대해 사과하고 용서를 구하고 싶어요."
5. "당신은 내가 '…'라고 말한 줄 알겠지만, 그런 뜻이 아니었어요. 그것 때문에 상처받았다면 미안해요."
6. "내가 한 말을 당신이 완전히 오해한 것 같아요. 하지만 내 말 때문에 상처받았다면 미안해요. 용서해 주세요."
7. "당신이 …한 것에 대해 당신을 용서해요. 내가 …한 것에 대해 나를 용서해 주겠어요?"

아래 설명에서 왜 위의 표현들이 배우자의 마음을 열어 용서를 이끌어내는 데 보통 효과적이지 않은지 알게 될 것입니다.

효과적으로 용서를 구하기 위한 실제적인 여섯 단계

이제 용서를 구할 때 밟아야 할 여섯 가지 단계와 그 반대로 행동할 경우 어떻게 상대방이 상처받고 사과가 받아들여지지 않는지 살펴보겠습니다. 이 시점에서 제 친구 포드 테일러(Ford Taylor)에게 공을 돌리고 싶은데요. 그로부터 용서를 구하는 여섯 단계와 위에 언급한 네 가지 태도를 배웠습니다. 포드(Ford)의 강의와 온라인 강좌인 **'Transformational Leadership'**에 대한 더 많은 정보를 얻으시도록 그의 웹사이트 (https://www.transformlead.com/)를 방문해 보시길 권합니다.

배우자의 마음 속에서 용서의 자물쇠가 열리기 위해 반드시 맞춰져야 되는 세 가지 조건(잠금장치)을 기억하십니까? 다시 말씀드리면, 이 세 가지 사항을 진심으로 전달해야 합니다.

1. 내가 한 행동이 당신에게 상처를 주었고, 굉장한 감정적 고통을 주었다는 것을 이제 이해합니다.
2. 내가 당신에게 상처를 줬다는 것에 대해 진심으로 신경 쓰고 있으며, 내가 정말 사랑하는 사람에게 상처를 줬다는 걸 알게 되니 정말 슬픕니다.
3. 당신을 상처 주었거나 기분 나쁘게 한 나의 말이나 행동에 대해 책임을 지겠습니다. 이제 회개하고 용서를 구하고 앞으로 다시는 그렇게 당신을 상처 주지 않도록 진심으로 도움을 요청하겠습니다.

아래의 1번과 2번 단계는 위에 열거된 첫 번째 잠금 장치가 맞춰지도록 설계되었습니다. 3번 단계는 위의 두 번째 잠금 장치의 메시지를 레벨 2에서 전달하도록 설계되었습니다. 4번, 5번, 6번 단계는 위의 3번 메시지를 전달하기 위해 설계되었습니다. 세 가지 잠금 장치가 모두 맞춰지면, 배우자의 마음이 자동으로 열리고 당신을 진심으로 용서하게 될 것입니다.

1 단계: 자신의 잘못을 인정하라

배우자의 감정에 상처를 줬거나 불쾌하게 한 것에 대한 책임을 지십시오. **사과할 때 절대 "만약에"라는 말을 사용하지 마십시오.** 이 단어는 그 다음에 나오는 모든 내용을 무효화시키기 때문입니다. 사과할 때 가장 흔한 실수 중 하나는 "만약에 내가 당신을 기분 나쁘게 했다면 용서해 주세요."라고 말하는 것입니다. "만약에 내가 당신을 기분 나쁘게 했다면" 또는 "만약에 내가 잘못했다면"이라는 말은 사실 자신이 그렇게 하지 않았다고 생각한다는 의미를 전달합니다. 또한, "사실 나는 사과할 필요가 없다고 생각하지만, 내가 영적으로 성숙한 사람이니까, 보통 사람이라면 기분 나빠 하지도 않을 별 일도 아닌 일에 대해서 그래, 내가 사과해주지, 뭐."라는 의미를 전달합니다.

만약 당신이 갈등 해결을 위한 다섯 가지 전략을 따랐다면, 당신이 배우자를 어떻게 느끼게 했는지 이미 물어본 상태일 것입니다. 배우자가 당신 때문에 상처받았다고 말했다면, 의문의 여지가 없습니다. 당신 때문에 배우자가 기분 나쁘게 되었거나 상처받았다고 말한 것입니다. 그런데 "만약에 내가 당신을 상처 줬다면"이라고 말한다면, 잘못을 인정하고 그것에 대해 온전히 책임지는 태도가 아닙니다.

첫 번째 단계는 잘못을 인정하는 것입니다. 당신이 배우자를 상처 주었거나 기분 나쁘게 했음을 인정하십시오. 다음과 같은 표현을 권합니다:

"내가 …… 라고 말해서, (…… 행동을 해서) 당신을 상처 줬다는 것을 이제 알겠어요."

2 단계: 당신이 틀렸음을 인정하라 (레벨 1에서는 아닐 수 있지만 레벨 2에서는 틀렸다는 것)

많은 사람들이 이 단계에서 어려움을 겪는 이유는 자신이 잘못한 것이 없다고 믿기 때문에 잘못을 인정하지 못하는 것입니다. 이 점은 제가 아들 조쉬의 햄버거를 잘랐을 때 배운 교훈으로, 이전 장에서 다룬 바 있습니다. "네가 틀리지 않았어도 회개할 수 있다."는 걸 기억하십시오. 그러므로 레벨 1에서 옳았더라도, 만약 당신이 배우자의 가치 탱크를 고갈시켰다면 레벨 2에서는 틀린 것이며, 배우자가 진심으로 당신을 용서해주기를 원한다면 이를 인정하는 것이 중요합니다.

사람들이 저지르는 최악의 실수 중 하나는 용서를 구하려 하는 과정에서 상대방을 비난하는 것입니다. 이는 절대 용서받지 못하게 만드는 확실한 방법입니다. 다음과 같은 표현을 하면 그렇게 됩니다. "우리 둘 다 의도하지 않은 말을 했다는 것 알아요." 혹은 "우리 둘 다 잘못했고, 나는 …."와 같은 표현은 배우자가 어떤 잘못을 했다고 비난하는 것인데, 아마 배우자는 자신이 어떤 잘못을 했다고 아직 생각하지 않을 수도 있습니다. 용서를 구하는 것은 일방적이어야 하며, 그것은 배우자를 비난하지 않고 오로지 자신의 잘못만 다루겠다는 자세를 의미합니다.

다음과 같은 표현을 사용해 보십시오:

"아빠(내)가 네 햄버거를 잘라서 너를 상처 준 것이 잘못한 거라는 걸 이제 알겠어. 그 때는 그걸 몰랐는데 지금은 알겠어."

3 단계: 배우자가 느끼는 고통을 인정해 주고 그 고통에 대한 공감을 표현하라

많은 부부들이 갈등 상황에서 저지르는 또 다른 큰 실수는 배우자가 느끼는 고통을 축소시키는 것입니다. 우리는 "내가 한 거 그거 별것 아니에요."라고 말함으로써 상대방의 고통을 축소시킵니다. 예를 들어, 어떤 사람은 "그래, 내가 집에 좀 늦게 왔을지 모르지만, 이 일 가지고 그렇게 난리법석 피우지 맙시다."라고 하거나, "내가… 했다는 건 알지만, 그게 뭐 그렇게 큰일은 아니잖아요."라고 말합니다.

이런 표현을 사용할 때, 당신은 본질적으로 레벨 2에서 다음과 같은 관계적 메시지를 전달하는 것입니다. "당신이 느끼는 고통이나 감정은 별 것 아니에요. 내가 당신을 어떻게 느끼게 했는지 난 신경 쓰지 않아요. 당신 그렇게 느끼면 안 돼요. 왜냐하면 나의 그 사소한 행동 때문에 그 정도로 감정적으로 반응할 이유가 없어요."

이것은 상대방의 가치를 훼손하고 그의 가치 탱크를 고갈시킨 것에 대해 전혀 공감하거나 염려하지 않는다는 것을 전달합니다. 즉, "나는 당신에 대해 전혀 관심 없어요. 그리고 난 당신의 고통에 공감하지 않아요."라는 메시지를 전달하는 것입니다. 이렇게 행동한다면 배우자는 당신을 용서하기 어려울 것입니다.

대신, 다음과 같이 말하는 것이 좋습니다:

"내가 당신에게 그런 고통을 줘서 정말 미안해요. 내가 …… 해서 (… 말을 해서) 당신을 ……게 느끼게 했다는 걸 이제 알겠어요. 나는 정말로 당신을 사랑받지 못한다고 (또는 고맙게 여겨지지 않는다고) 느끼게 하고 싶지 않아요. 그런데 내가 바로 그렇게 했다는 것을 이제 알겠어요. 그래서 진심으로 미안해요."

4 단계: 직접적인 질문으로 사과를 마무리 하라: "나를 용서해 주겠어요?"

많은 경우 부부들이 4단계까지 이르지만 어떻게 이 상황을 마무리해야 할지 모릅니다. 용서는 영적이고 감정적인 거래이며, 이를 마무리하려면 질문과 그에 대한 반응이 반드시 있어야 됩니다. 많은 경우 사람들은 쟁점을 회피하면서 실제로 용서 구하는 것은 하지 않습니다. 다음은 사과를 마무리하는 데 효과적이지 않은 표현들입니다.

어떤 사람들은 "사과합니다." 또는 "미안합니다."라고 말하는데 그럴 때 문제는 이런 표현에는 명확하게 반응할 수 없기에 마무리를 짓지 못하게 됩니다. 이것에 대해 어떻게 반응하나요? "알겠어요." 또는 "좋아요."라고 말할 뿐, 감정적으로, 그리고 영적으로 자유롭게 해주고 마무리 짓게 하는 명확한 반응이 없습니다.

또 다른 표현으로 "정말로 용서를 구하고 **싶어요**."가 있는데, 이것도 마무리 짓지 못하게 합니다. 이 표현은 뭐가 문제일까요? **'하고 싶은 것'** 과 **'하는 것'** 은 다르기 때문입니다. "당신에게 정말 용서를 구하고 싶어요."라는 말을 들으면 "좋아요. 당신이 용서를 구하고 싶다니 다행이네요. 그래서, 정말 용서를 구할 건가요, 아닌가요?"라는 생각이 들게 됩니다. 이 표현 역시 반응하기에 명확하지 않고 쉽지 않아서 마무리를 짓지 못하게 됩니다.

비슷한 표현으로 "당신이 나를 용서해 줄 수 있기를 바래요."가 있는데 이 표현도 위의 표현과 똑같은 문제가 있습니다. '누군가가 뭘 할 수 있기를 바라는 것'은 '누구에게 뭘 해달라고 요청하는 것'과는 아주 다릅니다.

"나를 용서해 주겠어요?"라고 명확하게 직접적으로 질문하라고 저는 제안합니다. 이렇게 하면 배우자가 '네' 또는 '아니오'로 반응할 책임이 주어집니다. 만약 당신이 다섯 가지 전략을 잘 따라와서 이 지점에 이르렀고, 위에서 말한 네 가지 태도를 가지고 접근했다면, 배우자의 마음이 열리고 '네'라고 말하며 진심으로 당신의 잘못을 용서해 줄 가능성이 높습니다.

만약 배우자가 "당신을 용서 못하겠어요." 또는 "아직 용서할 준비가 안 되었어요."라고 말한다면 어떻게 할까요? 그러면 다시 한번 그 사람이 느끼는 고통의 강도를 공감해 주십시오. 당신이 그걸 이해한다는 걸 배우자에게 알려주고 이렇게 물어보십시오: **"나를 용서할 수 있을 때 용서해 주겠어요?"**

만약 배우자가 "당신을 용서할 수가 없어요."라고 말한다면, 그냥 놔두십시오. 당신은 당신이 할 일을 다했습니다. 이제 하나님께서 배우자의 마음에 일하셔서 용서할 수 있도록 준비시키실 때까지 기다려야 합니다. 이것이 결코 끝이 아닙니다. 당신의 임무는 계속해서 존경이나 사랑으로 배우자의 가치 탱크를 채워주고 하나님께서 배우자의 마음을 부드럽게 하시길 기다리는 것입니다.

5 단계: 당신이 앞으로도 책임질 수 있도록 도움을 요청하라

대부분의 사람들은 5단계와 6단계를 배운 적이 없습니다. 저는 이 단계들을 포드 테일러(Ford Taylor)[3]에게서 배웠는데, 결혼생활을 계속 해 나갈 때 이 단계들이 중요하다고 믿습니다. 우리 모두는 스스로 인지하지 못하는 맹점이 있습니다. 소수의 사람들만이 자신이 가까운 사람들에게 레벨 2에서 어떤 관계적 메시지를 보내고 있는지 인식합니다. 따라서 이 단계는 배우자에게 당신의 맹점을 발견하게 도와달라고 요청하는 것입니다. 그래서 당신이 앞으로 다른 사

---

3 Ford Taylor, Transformational Leadership Course.
https://www.transformlead.com/

람을 상처주는 것을 하나님이 깨닫게 하시도록 허락하는 것입니다.

배우자에게 당신의 미래의 맹점을 지적할 수 있게 허락 해주려면 당신은 내면의 안정감과 겸손함이 있어야 됩니다. 그렇게 하면, 당신이 겸손하고, 책임지려 하고, 배우려는 자세이고 앞으로의 관계에서 신뢰할 수 있는 사람이라는 것을 배우자에게 보여주는 것입니다.

다음과 같은 표현을 사용할 수 있습니다.

"오늘 내가 당신을 이렇게 상처 줬다는 사실이 정말 마음 아파요. 다시는 당신을 이렇게 상처 주지 않도록 모든 노력을 다하고 싶어요. 앞으로도 내가 당신에게 이렇게 상처를 주는 일이 있을 때 내가 책임질 수 있도록 나에게 말해주겠어요?"

이 질문 후에는 상대방의 대답을 기다리라고 제안합니다. 당신은 배우자에게 앞으로 당신이 그의 가치를 훼손할 때 당신에게 말해줄 수 있는 권한을 주었다는 걸 기억해야 합니다. 그리고 그런 일이 일어나서 배우자가 당신에게 그것을 말해줄 때 긍정적으로 반응해야 됩니다. 만약 배우자가 다시 상처받았다고 말할 때는, 새로운 쟁점에 대해 다시 1단계부터 5단계까지의 과정을 밟으시라고 제안합니다.

6단계: 아직 다루지 못한 다른 상처가 더 있는지 물어보라

다시 말하지만, 이 단계에서 이 질문을 하기 위해서는 겸손함과 내면적인 안정감이 있어야 됩니다. 그러나 가능한 한 많은 문제를 드러내어 용서를 구하고 용서해서 문제를 다룰 수 있는 것이 가장 좋습니다. 어떤 부부들은 갈등 해결 방법을 몰라서 수십 년 동안 손대지 못하고 묻어둔 쟁점들이 산더미처럼 쌓여 있을 수도 있습니다. 만약 그런 경우라면, 한 번에 모든 쟁점을 다 다룰 수 없을 것입니다. 여러 차례 시간을 내어 각자 마음속에 오랫동안 숨겨두었던 상처를 서로에게 나누어야 할 수도 있습니다. 그렇게 하는 것은 분명히 그만한 가치가 있습니다.

다음과 같은 표현을 사용하는 것도 좋습니다:

"내가 당신에게 상처를 줬는데 아직 바로잡지 못한 일이 더 있나요?" 여러 가지 쟁점이 나올 수 있으니 마음을 준비하십시오. 각 쟁점에 대해서 방금 살펴본 여섯 단계를 동일하게 사용하여 해결하시라고 제안합니다. 레벨 2에서의 상처를 발견할 수 있도록 질문을 던지고, 배우자가 당신을 용서할 수 있도록 이 여섯 단계를 따르십시오.

아래는 효과적으로 용서를 구하기 위해 여섯 단계 각각에서 반드시 전달해야 할 기본 개념에 대한 요약입니다.

1. 내가 그것을 했습니다 (말했습니다).
2. 그렇게 해서 당신에게 상처를 준 것이 내 잘못입니다.
3. 나는 당신을 사랑하며, 내가 …… 했을 때(… 라고 말했을 때) 당신에게 깊은 상처를 준 것을 알게 되어 아주 슬픕니다. 정말 미안합니다.
4. 나를 용서해 주겠어요?

5. 앞으로 내가 당신에게 또 그렇게 상처를 줄 때 내가 책임질 수 있도록 내게 말해주겠어요?
6. 내가 당신에게 상처를 줬는데 아직 바로잡지 않은 일이 더 있나요?

저는 다음 세 가지 행동을 실천하겠다고 결심한다면 낭만적인 사랑의 감정을 회복하고 부부로서 즐거운 여정을 가게 된다는 것을 알게 되었습니다.

1. 매일 배우자의 연료 탱크를 채워 주어라.
2. 갈등이 발생할 때 앞 장들에서 언급한 다섯 가지 전략을 따르라.
3. 위에서 설명한 여섯 단계를 사용하여 용서를 구하라.

잰과 저는 이 간단한 원리를 배운 이후 지난 35년 동안 모든 부부 갈등을 정말 5분 이내에 해결해 왔습니다. 그 결과 지난 수십 년 동안 저희는 부부 관계에서 갈등이 거의 없었습니다. 하나님은 사람을 차별하지 않으시기에, 저는 하나님께서 여러분에게도 같은 일을 하시리라 믿습니다!

제 6 장

매일 환경에 미친 영향 조사하기

Solve Any Marriage Conflict in 5 minutes or less

이제 여러분은 다섯 가지 전략을 따라 대화를 레벨 2로 옮김으로써 모든 부부 갈등을 5분 안에 해결할 수 있는 방법을 명확히 이해하게 되었습니다. 이제 저는 여러분의 부부 관계를 안전하고 조화롭게 유지하도록 하기 위한 매일의 습관이자 예방 조치를 제안하고자 합니다.

북미에서 부부 두 쌍 중 한 쌍이 이혼한다는 통계를 들어보셨을 것입니다. 그러나 다음과 같은 사실은 들어보지 못하셨을 수도 있습니다. 교회에 다니는 부부 두 쌍 중 약 한 쌍도 이혼하고, 성경을 규칙적으로 읽는 부부 두 쌍 중 한 쌍 역시 이혼합니다. 하지만 매일 함께 기도하는 습관을 가진 부부는 1,100쌍 중 단 한 쌍만이 이혼합니다. 이처럼 부부가 함께 기도하는 것은 이혼을 예방하는 핵심적인 방법으로 보입니다.

잰과 저는 여러 해 전에, 부부가 서로 옆에 나란히 앉아 눈을 감고 기도하는 방식이 아닌, 서로 마주 보며 눈을 뜨고 기도하는 특별한 방법을 배웠는데 이 방법은 친밀감을 쌓는 데 도움이 됩니다. 우리는 보통 눈을 감고 기도하는 데 익숙하기 때문에 처음에는 다소 어색하게 느껴질 수 있습니다. 눈을 뜨고 기도해도 하나님이 우리의 기도를 들으실까요? 네, 물론이죠. 하나님은 언제나 우리의 기도를 들으십니다.

이 방법은 다음과 같이 진행됩니다. 부부가 마주 보고 앉아 서로의 눈을 바라봅니다. (눈은 영혼의 창입니다.) 먼저 "환경에 미친 영향에 대해 조사"하는 것으로 시작해 보시라고 제안합니다. 그 후에 두 가지 주제인 감사와 축복을 가지고 기도하십시오.

여러분은 이렇게 물으실 수도 있습니다. "부부 관계에서 '환경에 미친 영향 조사'가 대체 뭐에요?" 설명드리겠습니다. 대부분의 경우 우리는 일상 속에서 다른 사람이 우리에게 미치는 영향력만 인식하며 살아갑니다. 예를 들어, 차를 운전할 때 우리는 다른 사람의 잘못이나 그들이 우리에게 미치는 영향력을 금방 지적합니다. 삶의 대부분의 경우에서 그렇습니다. 그러나 우리가 멈추고 내가 다른 사람에게 미치는 영향에 대해 생각해 보는 경우는 매우 드뭅니다.

'환경에 미친 영향 조사'란 의도적으로 멈추어서, 내 가정이란 환경에 내가 어떤 영향을 주었는지를 알아보는 시간을 갖는 것을 의미합니다. 매일 의도적으로 이렇게 한다면, 가장 먼저 고려해야 될 가정 내 환경은 지난 24시간 동안 내가 배우자에게 어떤 영향을 미쳤는지입니다. 당신이 배우자와 상호 작용한 것이 배우자의 가치 탱크를 채워주었는지, 아니면 고갈시켰는지입니다.

이 습관을 실천하기 위한 실제적인 단계는 다음과 같습니다. 먼저, 이 과정을 위해 10분 정도의 정해진 시간을 갖도록 부부가 합의하십시오.

남편으로서 이 과정을 시작하기 위한 단계

부부가 무릎을 맞대고 앉아 서로의 눈을 바라보는 것으로 시작하십시오. 그렇게 하면 굉장한 친밀감이 형성됩니다. 그 다음, 남편으로서 아내에게 다음과 같은 질문을 하시라고 제안합니다:

"지난 24시간 동안, 나는 함께 살기에 어떤 남편이었나요? 당신의 삶에 내가 어떤 영향을 주었나요? 어떤 방식으로 내가 당신의 가치 탱크를 채워주었거나 고갈시켰나요?"

그 후에는 아내의 대답을 들으십시오. 만약 아내가 당신과 함께 있는 것이 즐거웠고 당신이 아내의 가치 탱크를 채워주었다고 말한다면, "고마워요."라고 말하십시오. 당신이 아내를 상처 줬거나, 불쾌하게 했거나, 그녀의 가치 탱크를 고갈시켰다고 말한다면, 2장에서 설명한 갈등 해결의 전략 ③부터 ⑤까지를 따르십시오. 아내는 상처를 받았거나 불쾌했다고 당신에게 이미 표현했기 때문에, 전략 ③의 두 번째 질문부터 시작하시면 됩니다. 즉, 다음 두 가지 질문을 하십시오:

1. "내가 어떻게 당신에게 상처를 주었거나, 불쾌하게 했거나, 가치 탱크를 고갈시켰는지 구체적으로 말해 줄 수 있어요?"
2. 레벨 1의 잘못을 이해한 후에는 대화를 레벨 2로 옮기도록 이렇게 물어보십시오.: "내가 …했을 때, 당신을 어떻게 느끼게 했는지 말해 줄 수 있어요?"

다음으로, 아내가 두 번째 질문에 대해 대답한 내용을 되풀이해서 아내에게 말해줌으로 아내의 감정을 확인해 주십시오. 아내가 확인해 주도록 하거나 추가로 더 말하고 싶은 것이 있으면 더 말하게 해주십시오.

마지막 단계에서는 아내에게 부정적인 영향을 미치고 그녀의 가치 탱크를 고갈시킨 것에 대해 책임을 지고, 회개하며 용서를 구하십시오. 지난 장에서 말씀드린 효과적으로 사과하는 단계들을 반드시 사용해서, 아내의 마음이 열려 당신을 용서할 수 있게 하십시오.

아내로서 따라야 할 단계

남편이 할 부분을 마친 후, 아내도 남편의 눈을 바라보며 비슷한 질문을 하면 됩니다..

"지난 24시간 동안, 나는 함께 살기에 어떤 여자였나요? 당신의 삶에 내가 어떤 영향을 주었나요? 내가 어떤 방식으로당신의 가치 탱크를 채워주었거나 고갈시켰나요?"

남편이 마음을 열고 진심으로 느끼는 바를 나눌 수 있도록 안전한 분위기를 만들어 주십시오. 만약 남편이 당신과 함께 있는 것이 즐거웠고 당신이 그의 가치 탱크를 채워주었다고 말한다면, "고마워요."라고 말하십시오. 당신이 남편을 섭처주었거나 불쾌하게 했거나 그의 가치 탱크를 고갈시켰다고 말한다면, 4장에서 설명한 갈등 해결의 전략 ③부터 ⑤까지를 따르십시오.
>   1. "내가 어떻게 당신을 무시했거나, 불쾌하게 했거나, 당신의 가치 탱크를 고갈시켰는지 구체적으로 말해 줄 수 있나요?"
>   2. 레벨 1의 잘못을 이해한 후에는 대화를 레벨 2로 옮기도록 이렇게 물어보십시오:
>   "내가 …했을 때, 당신을 어떻게 느끼게 했는지 말해 줄 수 있나요?"

남편의 정체성에 어떤 영향을 미쳤는지 이해하게 되면, 그 내용을 남편에게 되풀이해서 말해줌으로 남편의 감정을 확인해 주십시오. 그리고는 남편에게 부정적인 영향을 미치고 그의 가치 탱크를 고갈시킨 것에 대해 책임을 지고, 회개하며 용서를 구하시라고 제안합니다. 지난 장에서 말씀드린 효과적으로 사과하는 단계들을 반드시 사용해서, 남편의 마음이 열려 당신을 용서할 수 있게 하십시오.

마지막 단계로, 남편이 결혼 생활에서 보여준 노력에 대해 감사의 마음을 표현하십시오. 그가 하는 훌륭한 일들에 대해 고맙다고 말하고, 그의 남편으로서의 역할을 칭찬해 주십시오.

두 사람이 매일 정해진 시간에 이 습관을 실천하기로 약속한다면, 매일 두 사람의 감정적 연결이 회복되고 유지될 수 있을 것입니다. 그러면 마음에서 서로에 대한 낭만적인 사랑의 감정이 다시 빠르게 증가되고 자라나는 것을 보게 될 것입니다.

6분 기도

환경에 미친 영향 조사를 마치고 감정적 연결을 회복하거나 유지한 후에는, 다음 두 가지 구체적 주제인 감사와 축복으로 함께 기도할 것을 제안합니다.

A. **감사:** 배우자의 눈을 바라보면서, 배우자의 좋은 자질에 대해 감사하는 문장들을 하다님께 말하십시오. 예시: "하나님 아버지, 잰으로 인해서 너무나 감사드립니다. 오늘 아침에 잰을 보니 너무나 아름다워서 감사드립니다. 그녀가 온 마음을 다해 주님을 사랑하고, 열심히 주님을 찾는 사람이어서 감사드리고, 주님이 잰을 크게 상주시니 감사드립니다. 또한 그녀가 훌륭한 어머니이며 우리 가정을 평화롭고 안전한 피난처로 만드는 사람이어서 감사드립니다."

B. **축복:** 배우자의 눈을 바라보면서, 배우자에게 여러 문장의 축복의 말을 해주십시오. 예시: "하나님 아버지, 오늘 톰을 위해 축복기도 드립니다. 톰이 오늘 내려야 할 모든 사업적 결정에 있어 그리스도의 생각과 주님의 지혜를 주시도록 축복합니다. 이번 주 톰이 채권자, 거래처, 직원들과 함께 할 때 톰에게 하나님의 은총이임하길 선포합니다. 톰을 건강과 내면의 평안으로 축복하며, 오늘 하루 종일 톰 안에 하나님

의 말씀이 풍성히 거하기를 예수 그리스도의 이름으로 기도합니다. 아멘."

저는 여러분이 매일 정해진 시간에 이렇게 함께 서로를 위해 기도하시길 권합니다. 보시다시피 이 기도 모델은 단 몇 분 만에 충분히 할 수 있습니다. 한 시간씩 시간을 내야 하는 것이 아니라 단지 10분이면 됩니다. 이 습관이 자리 잡으면, 무기상이 여러분의 부부 관계를 공격하기 위해 많은 계략을 사용하기가 아주 어려워질 것이고, 사탄의 계략이 여러분의 부부 관계에서 오랫동안 성공하기가 아주 어려워질 것입니다. 더불어, 여러분과 배우자 사이의 친밀감도 크게 증가될 것입니다. 부부 관계에서 친밀감을 쌓는 것에 대해 더 알고 싶으시면 저의 책 『개는 없이 벼룩만 두 마리(Two Fleas and No Dog)』[1]를 참고하시기 바랍니다.

잰과 제가 이 기도하는 것을 보고 싶으시면 아래 링크에 가셔서 6분짜리 영상을 보시기 바랍니다.

---

1 크레그 힐, 『개는 없이 벼룩만 두 마리』, 기독서원 하늘양식, pp. 139-141

제 7 장
미래를 위한 부부 관계 언약 세우기

Solve Any Marriage Conflict in 5 minutes or less

이제 부부 갈등을 신속하게 해결하는 방법을 이해하셨으니, 지금까지 배운 원리와 과정을 지속적으로 실천할 수 있도록 돕는 부부 관계 언약을 세우는 것에 대해 이야기해 보겠습니다.

여러분이 "부부 관계 언약 이란 무엇인가요?"라고 물으실 수도 있습니다. 이것은 서로 간에 맺는 아주 간단한 합의로, 다음 두 가지 간단한 질문에 대답하는 합의입니다.

1. 우리 부부는 함께 있을 때 서로를 어떻게 대하고 싶은가?

당신이 배우자를 어떻게 대하고 싶은지 결정하기 위해 먼저 배우자가 당신을 어떻게 대해주기를 원하는지 생각해 볼 수 있습니다. 그리고 예수님께서 마태복음 7장 12절과 22장 36~40절에서 말씀하신 것처럼, 자신이 대우를 받고 싶은 대로 배우자를 대하십시오.

그렇다면, 당신은 어떻게 대우받고 싶습니까? 아래 표에서 당신이 배우자로부터 받고 싶은 대우를 가장 잘 묘사해주는 단어가 무엇인가요?

~(으)로	~(으)로
사랑	쓴뿌리
진실성	교만
존중	수치심
가치	조종
공감	가정 / 추측
친절	판단
투명성	분노
용납	거절
개인적인 대화	여러 사람에게 험담하기

　　　물론 대부분의 사람들은 두 번째 열에 있는 단어들보다는 첫 번째 열에 있는 단어들을 선택할 것입니다. 당신도 그렇다면, 당신의 부부 관계 언약에 있어 가장 중요한 단어들을 적으십시오.

2. 첫 번째 질문에 대해 부부가 함께 동의할 수 있다고 가정할 때, 두 번 째로는 우리 중 한 사람, 또는 둘 다가 합의한 것을 위반했을 때(인간이기에 그럴 수 있습니다), 우리는 서로를 어떻게 대할 것인가? 어떤 해결 과정을 따를 것인가?

　　　부부가 배우자의 상처 주는 행동이나 합의 위반을 다루는 일반적인 방법들은 다음과 같습니다:

a. 아무 말도 하지 않고 그 사람을 위해 기도하며 그 사람이 변화되기를 바라기
b. 친구들과 기도 동역자에게 배우자가 한 일을 이야기하며, 자신이 옳고 배우자가 틀렸으며 변화되어야 한다는 동의를 구하기(배우자에 대해 험담하기)
c. 배우자에게 화를 내고 소리 지르며 조종하고 통제하여 회개하고 변화되도록 설득하려 하기
d. 대화를 중단하고 화가 나서 박차고 방을 나가기
e. 침묵하며 관계를 끊고 배우자가 회개하고 변화될 때까지 관계를 거부하기
f. 이혼하기

분명히 위에 열거된 행동들은 건강하지 않을 뿐만 아니라 문제를 해결하거나 관계를 회복하지 못합니다. 예수님께서는 마태복음 18장 15절-19절에서 누군가가 우리에게 죄를 지을 때(또는 부부 관계 언약을 위반했을 때) 어떻게 해야 하는지에 대한 전략을 제안하시는데, 그것은 세 가지 단계로 이루어진 전략입니다.

1. 나 혼자서 일대일로 그 사람을 대면하기
2. 만약 이렇게 해서 화해가 이루어지지 않으면 중립적인 제3

　　　　자를 한 명 데리고 가서 그 사람을 다시 만나 부부 관계 언
　　　　약을 회복하기 위해 노력하기
　3. 그래도 화해가 이루어지지 않으면, 두 사람이 존경하는 중
　　　　재자 역할을 해 줄 목사님이나 영적 권위자에게 문제를 가
　　　　지고 가기

15 네 형제가 죄를 범하거든 가서 너와 그 사람과만 상대하여 권고하
라 만일 들으면 네가 네 형제를 얻은 것이요
16 만일 듣지 않거든 한두 사람을 데리고 가서 두세 증인의 입으로 말
마다 확증하게 하라
17 만일 그들의 말도 듣지 않거든 교회에 말하고 교회의 말도 듣지 않
거든 이방인과 세리와 같이 여기라
18 진실로 너희에게 이르노니 무엇이든지 너희가 땅에서 매면 하늘
에서도 매일 것이요 무엇이든지 땅에서 풀면 하늘에서도 풀리리라
19 진실로 다시 너희에게 이르노니 너희 중의 두 사람이 땅에서 합심
하여 무엇이든지 구하면 하늘에 계신 내 아버지께서 그들을 위하여
이루게 하시리라 (마태복음 18:15-19)

　　많은 부부들이 인식하지 못하는 한 가지는, 1장에서 언급한 무
기상의 목적이 부부를 분열시켜 중요한 쟁점에 대해 합의하지 못하
게 하려는 것이라는 점입니다. 위 성경 본문 19절에서 예수님께서는
"너희 중의 두 사람이 땅에서 합심하여 무엇이든지 구하면, 하늘에

계신 내 아버지께서 그들을 위하여 이루게 하시리라."라고 말씀하셨습니다.

그러면 그 반대도 사실일 것입니다. 즉, 만약 두 사람이 땅에서 합의하지 못하고 구하면, **예수님의 아버지가 그것을 이루지 않으실 것입니다.** 다시 말해, 부부 간에 합의되지 않으면 우리가 기도로 구한 것에 하나님이 긍정적으로 응답하시는 능력을 방해하게 됩니다. 따라서 부부가 합의하지 못하면 하나님이 우리 기도에 응답하시는데 방해가 됩니다. 이것이 바로 부부 관계 언약을 세우는 것이 아주 중요한 이유 중 하나입니다.

배우자를 대면할 때 필요한 네 가지 태도

배우자가 부부 관계 언약을 위반했다고 생각될 때 어떻게 대면할지 결정하는 가장 좋은 방법은, 먼저 배우자가 당신이 합의를 위반했다고 느낄 때 당신에게 어떻게 접근해주기를 원하는지를 생각해 보는 것입니다.

만약 배우자가 당신이 합의를 위반했다고 말하기 위해 당신에게 접근할 때, 교만하고, 거만하게, 추측하고, 판단하며, 쓴뿌리 가득한 태도로, 조종하고, 거짓말하거나 또는 일부의 진실만 말하며 접근한다면 좋을까요? 물론 그렇지 않죠! 따라서 이러한 태도의 반대되는 태도가 배우자의 마음을 열고, 자신의 잘못을 볼 수 있게 하는 데 훨씬 더 효과적일 가능성이 높습니다.

배우자를 대면해야 할 때는 5장에서 이야기한 용서를 구할 때의 다음 네 가지 태도로 접근할 것을 제안합니다.[1]

1. **겸손함:** 이것은 당신이 절대적인 심판자가 아니고 모든 것을 다 아는 것이 아니며 어떤 점은 놓쳤을 수도 있고 상황을 잘못 인식했을 수도 있다는 태도로 다가가는 것을 의미합니다. 이렇게 말하며 배우자에게 접근할 수 있습니다. "내가 이걸 잘못 인식했을 수도 있지만, 당신이 내 질문에 대해 반응한 방식(예: 박차고 방을 나가 문을 쾅 닫은 것)이 우리의 부부 관계 언약을 위반한 것 같아요."

2. **미리 용서하기:** 배우자에게 접근하기 전에 당신이 배우자의 잘못을 이미 주님과의 관계에서 다루었다는 것을 의미합니다. 배우자가 당신에게 잘못한 것의 값을 예수님이 이미 지불해 주시도록 한 것입니다. 그래서 당신은 배우자를 대면할 때 마음에 배우자에 대한 상처가 없습니다. 배우자를 대면하는 목적은 자신의 만족을 위해 그를 조종하려는 것이 아니라, 두 사람이 이전에 합의했던 것을 위반한 문제를 다루어서 부부 관계 언약을 회복하는 데 있습니다.

---

[1] Ford Taylor, Transformational Leadership Course. https://www.transformlead.com/

3. **공감과 사랑:** 이는 자신의 안녕보다 배우자의 안녕을 더 중요하게 생각한다는 뜻입니다. 배우자의 감정을 이해하고, 부부 관계 언약을 위반한 것을 적절히 해결함으로써 관계를 회복하려는 것입니다.

4. **100% 진실성:** 이것은 숨겨진 의도나 감추는 것이 없다는 의미입니다. 관계를 회복하기 위해 사랑 안에서 진실을 말함으로 배우자의 분노를 더 유발할 수도 있는 위험부담을 감수하겠다는 의미입니다.

부부 관계 언약서를 작성하는 실제적 단계

그렇다면 부부 관계 언약서를 어떻게 실제적으로 만들까요? 부부가 함께 이 작업을 할 시간을 정하십시오. 먼저 대화를 나누며 다음과 같은 초기 문장을 만드십시오:

"우리가 함께 있을 때, 우리는 서로를 다음과 같은 태도로 대하기로 동의합니다:
* 태도 A
* 태도 B
* 태도 C
* 태도 D
* 태도 E

이 초기 합의가 마련되면, 두 번째 질문인 "만약 우리 중 한 사람 또는 둘 다가 위에서 합의한 대로 상대를 대하지 못했을 경우, 우리는 다음 절차를 따르기로 동의합니다."에 대한 대답으로 몇 가지 문장을 작성해 보십시오.

만약 당신이 잘못했고 위에서 합의한 방식과 다르게 배우자를 대했다는 것을 깨달으면, 다음과 같이 하십시오

* 자신의 잘못된 행동을 하나님 앞에서 인정하고 회개하며 하나님께 용서를 구하십시오.
* 배우자 앞에서 겸손하게 자신의 잘못을 인정하고 회개하며 지난 장에서 배운 6단계의 사과 방법에 따라 배우자에게 용서를 구하십시오.
* 위반 행위가 심각한 경우, 6단계의 사과 방법을 따르기 전에, 대화를 레벨 2로 옮겨 당신이 배우자에게 초래한 고통을 파악하고 공감할 수 있도록 설계된 질문으로 돌아가야 할 수도 있습니다.

만약 당신이 잘못 반응하지 않았고 합의를 위반하지 않았으며, 오히려 배우자가 위반했다고 생각한다면, 다음과 같은 방법으로 처리하십시오.

당신이 합의를 위반했다고 배우자가 느낄 때 배우자가 당신에게 어떻게 접근해주면 좋겠는지를 부부가 함께 이야기하고, 두 사람이 함께 따르기로 합의하는 절차를 정하십시오.

부부 관계 언약서 작성 워크시트

1. 우리 부부는 함께 있을 때 서로를 다음과 같이 대하기로 동의합니다

    1.

    2.

    3.

    4.

    5.

    6.

    7.

2. 우리 중 한 사람 또는 둘 다가 합의를 위반하고 서로를 잘못 대했을 때, 관계를 회복하고 부부 관계 언약을 재확립하기 위해 다음 절차를 따르기로 동의합니다. 우리는 다음과 같이 할 것입니다

    1.

    2.

    3.

    4.

    5.

    6.

    7.

부부 관계 언약서를 작성한 후에는 쉽게 꺼내 볼 수 있는 곳에 복사본을 보관하시고, 상대방이 언약을 위반했다고 한쪽 또는 양쪽 모두가 느낄 때 참고하십시오. 만약 매일 환경에 미친 영향 조사와 6분 기도를 함께 실천하고 있다면, 매일 부부 관계 언약이 잘 유지되고 있는지 확인할 수 있는 기회가 있을 것입니다.

Solve Any Marriage Conflict in 5 minutes or less

제 8 장

이제 이 책에서 배운 주요 원리들을 다시 한번 살펴보겠습니다. 대부분의 부부들은 이 책에 제시된 다섯 가지 전략을 따르고, 갈등의 이면에 있는 이유를 이해하면 모든 부부 갈등을 정말 5분 이내에 해결할 수 있다는 사실에 감탄합니다. 핵심은 대화를 레벨 1에서 레벨 2로 옮기고, 교만하거나 자기 중심적인 관점 대신 공감으로 배우자와 관계하는 방법을 배우는 것입니다.

아래에 이 책에서 다룬 14가지 핵심 원리를 간략히 정리하겠습니다.

제 1 장

1. **당신의 배우자는 당신의 적이 아닙니다.** 성경 에베소서 6장 10절-12절은 우리의 싸움이 혈과 육을 상대하는 것이 아니라, 우리를 미워하고 우리의 부부 관계를 파괴하려는 어둠의 영적 세력과의 싸움이라고 말합니다. 이 싸움은 영화에서 미국 독립 전쟁을 시작한 무기상과 비유할 수 있습니다. 우리 부부들은 정기적으로 무기상에게 속아 함정에 빠지며, 모르는 사이 의도하지 않게 서로를 상처 주는 노리개로 이용당하고 있습니다. **무기상이 우리의 진정한 적이며**, 그 적이 당신과 배우자가 무의식중에 빠지도록 함정을 놓고 있습니다.

2. **의사소통에는 두 가지 레벨이 있으며,** 무기상은 우리가 레벨 2의 의사소통에 대해 무지한 점을 이용해 서로 상처를 주게 합니다. 레벨 1의 의사소통은 우리가 논의하는 다양한 주제에 관한 것이고, 레벨 2의 의사소통은 가치와 관련된 정체성 영역에서 서로에게 보내는 메시지에 관한 것입니다. 레벨2에서는 배우자에게 가치 또는 무가치함을 전달하는 메시지를 보낼 수 있습니다. 그러나 레벨 1의 주제에 집중하다 보면 레벨 2의 관계적 메시지를 인식하지 못할 수 있습니다. 우리가 서로에게 보낼 수 있는 두 가지의 반대되

는 메시지는 다음과 같습니다.:

A. "나는 당신을 사랑하며 있는 모습 그대로 당신을 받아들입니다. 당신은 매우, 매우 소중한 존재입니다. 당신의 의견은 중요하고, 당신의 감정도 중요합니다. 내게 있어 당신의 삶은 중요하고, 당신은 내가 함께 시간을 보낼 가치 있는 사람입니다."

B. "나는 당신을 사랑하지 않으며, 당신이 변하지 않는 한 당신을 거절합니다. 당신은 아무 가치없는 사람입니다. 당신의 의견은 어리석고, 당신의 감정은 비합리적입니다. 나는 당신의 삶에 관심이 없으며, 당신은 내 시간을 들일 가치가 없는 사람입니다." 많은 경우 무기상은 당신을 이용해 배우자에게 두 번째의 가치 메시지를 보내는데, 당신은 이것을 인지하지 못합니다. 이것이 대부분의 갈등의 근본 원인입니다.

3. **당신이 의사소통의 주제적 레벨에서는 옳았더라도, 관계적 레벨에서 배우자를 상처 주는 데 이용되었다면, 당신은 회개하고 용서를 구해야 할 책임이 있습니다.** 상처를 주려는 의도가 없었거나 배우자가 상처받거나 기분이 상한 것이 여러분 탓이 아니라고 해서 면죄되지 않습니다. 배우자의 고통에 대한 공감을 표현하고, 자신이 '옳다'라는 것에 집착하지 말고 배우자의 고통을 해결하려는 선택을 하십시오.

제 2 장

4. **갈등을 해결하려면 대화를 레벨 1에서 레벨 2로 옮기는 방법을 배워야 하며,** 의도적이었든 아니었든 배우자에게 전달된 상처를 주는 가치의 메시지를 다루어야 합니다. 이를 위해 배우자의 질문에 답하거나 진술하거나 변호하는 말을 하는 것이 아니라, 유대인의 전략대로 질문을 하십시오.

5. **남편으로서, 다음의 다섯 단계의 전략을 사용하여 대화를 레벨 2로 옮김으로써 갈등을 신속하게 해결할 수 있습니다.**

    A. 전략 ①: 아내의 질문에 절대 설명이나 변호하는 진술문으로 대답하지 말라.
    B. 전략 ②: 아내의 질문에 다른 질문으로 대답하라.
    C. 전략 ③: 아주 구체적인 두 가지 질문을 하라.

    할 수 있는 두 가지 질문은 다음과 같습니다.:
    1. 여보, 당신 목소리 톤에서 내가 당신을 상처 준 것 같다는 느낌이 드는데, 맞아요?
    2. 내가 …… 했을 때 당신을 어떻게 느끼게 했는지 말해 줄 수 있어요?

D. 전략 ④: 아내의 감정을 확인해 주어라.
E. 전략 ⑤: 아내에게 상처를 준 것에 대해 책임을 지고 회개하며 용서를 구하라.

제 3 장

6. **모든 인간은 감정적 연료 탱크를 가지고 있습니다.** 인간이 사용하는 연료는 '가치' 입니다. 부부 관계에서 당신의 임무는 배우자에게 가치를 주는 연료로 배우자의 가치 탱크를 채워주는 것입니다. 에베소서 5장 33절은 대부분의 남편과 아내에게 가치를 주는 것이 무엇인지 알려줍니다.

   A. 대부분의 아내는 사랑을 통해 가치를 인식합니다. 대부분의 아내에게 사랑이란 다음을 의미합니다.:
      * 남편의 삶에서 높은 우선순위가 되는 것
      * 남편이 아내의 삶, 감정, 생각, 의견을 중요하게 여기고 고려하는 것
      * 남편이 아내를 상처 줬을 때 책임을 지고 사과하는 것
   B. 남편으로서 2장에서 배운 다섯 가지 전략을 따른다면,

당신은 아내의 탱크를 사랑으로 채워주고, 위의 세 가지의 사랑의 정의를 충족시키는 것입니다.

* 당신이 다른 모든 사안을 내려놓고, 아내에게 준 고통에 집중할 때 그녀를 높은 우선순위로 만드는 것입니다.
* 당신이 아내를 어떻게 상처 줬고 어떻게 느끼게 했는지 두 가지 구체적인 질문을 할 때 아내의 삶, 감정, 의견을 소중히 여기는 것입니다.
* 질문을 한 후 당신이 진정으로 회개하고 용서를 구하면, 아내를 상처 준 것에 대해 책임을 지며 사과하는 것입니다.

제 4 장

7. 대부분의 남편은 존경을 통해 가치를 인식합니다.

대부분의 남편에게 존경이란 다음을 의미합니다.:

A. 남편을 바꾸려고 하지 않고 용납하는 것

B. 남편, 아버지, 가장 등 그가 맡은 역할에 대에 존경하는 것

C. 아내와 가족을 축복하려는 그의 노력에 대해 감사하고 고마워 하는 것

8. 부부가 서로를 사랑하고 존중하지 못할 때, 종종 다음과 같은 퇴행적인 역기능의 싸이클에 빠집니다.

A. 남편은 바쁘고 아내를 자신의 삶의 우선순위에 두지 않는다.
B. 아내는 남편이 너무 바쁘고 자신과 시간을 보내지 않는다고 불평한다.
C. 남편은 왜 바쁜지 설명하며 자신을 변호하고 자신의 행동을 정당화한다.
D. 아내는 자신이 우선순위가 낮다고 느끼며 자신의 감정을 설명하려 한다.
E. 남편은 거절당하고 비판받는다고 느끼며, 아내의 감정이 너무 과하다고 하며 아내의 감정을 무시한다.
F. 둘 사이에 더 자주 갈등이 생기고 더 많이 부부 싸움을 하기 시작하며 아내는 남편을 비난하고 비판하고, 남편은 자신을 변호하고 정당화한다.
G. 남편은 아내와 시간을 보내지 않으려 더 많은 이유를 찾게 되고, 그로 인해 아내는 더욱 사랑받지 못하고 소중하게 여겨지지 않는다고 느낀다.

H. 아내는 남편을 더 많이 비판하고, 남편을 변화시키고 자신에게 관심을 기울이도록 더욱 애쓰는데, 그로 인해 남편은 더욱 무시당하고 소중하게 여겨지지 않는다고 느낀다.

9. 아내가 대화를 레벨 1에서 레벨 2로 옮기고 남편과의 갈등을 해결하기 위해 사용할 수 있는 다섯 가지 전략

A. 전략 ①: 남편을 비난하고 그가 잘못한 점을 깨닫게 하려는 시도를 멈추라.

B. 전략 ②: 대화를 레벨 2로 옮겨주고 남편의 3가지 존경 질문에 대답해 주도록 설계된 질문을 하라.

C. 전략 ③: 아주 구체적인 두 가지 질문을 하라.
   1. "내가 당신을 못마땅하게 여기고 당신에 대해서 그리고, 당신이 나를 기쁘게 해주려는 노력에 대해서 고마워하지 않는다고 느끼게 한 것 같아요. 맞아요?"
   2. "내가 … 을 했을 때 당신을 어떻게 느끼게 했는지 말해 줄 수 있어요?"

D. 전략 ④: 남편을 존경하지 않고 그의 가치 탱크를 고갈시킨 것에 대해 책임을 지고 회개하며 용서를 구하라.

E. 전략 ⑤: 결혼생활에서의 남편의 노력에 대해 감사하라.

제 5 장

10. **갈등을 해결하려면, 먼저 마음속의 작은 변호사를 해고하십시오.** 당신의 아내는 당신의 변호사와 대화하고 싶은 것이 아니라, 남편인 당신과 대화하고 싶어합니다. 당신의 남편도 당신의 검찰 변호사와 대화하고 싶은 것이 아니라, 아내인 당신과 대화하길 원합니다. 배우자의 마음에서 진정한 용서를 이끌어내기 위해 필요한 세 가지 핵심 열쇠를 이해하고 실천하십시오.

    A. **상처를 이해하기**: 당신의 어떤 행동 때문에 내가 상처받았는지 아나요? 당신이 내게 어느 정도의 고통을 줬는지 이해하나요?

    B. **공감을 표현하기**: 내가 상처받은 것에 대해 당신은 신경을 쓰나요, 아니면 전혀 개의치 않나요?

    C. **책임을 지고 사과하기**: 나를 상처 준 것에 대해 책임을 지고 회개하며 용서를 구할 건가요?

11. 당신의 사과가 받아들여지고 배우자에게서 진정한 용서를 이끌어내는 데 도움이 되는 네 가지 중요한 태도

    A. 겸손함
    B. 미리 용서하기
    C. 공감
    D. 100% 진실성

12. 사과할 때는 효과적으로 용서를 구하기 위한 여섯 단계를 사용할 것을 기억하십시오.

    A. 1단계: 자신의 잘못을 인정하라. "네, 내가 그렇게 했습니다(말했습니다)."
    B. 2단계: 당신이 틀렸음을 인정하라. (레벨 1에서는 아닐 수 있지만, 레벨 2에서는 틀렸다는 것) "그런 방식으로 당신에게 상처를 준 것은 내 잘못이었어요."
    C. 3단계: 배우자가 느끼는 고통을 인정해 주고 그 고통에 대한 공감을 표현하라. "나는 당신을 사랑해요. 내가 … 을 해거 (또는 … 말을 해서) 당신에게 상처를 준 것을 알게 되어 마음이 너무 아파요. 정말 미안해요."
    D. 4단계: 직접적인 질문으로 사과를 마무리하라. "나를 용서해 주겠어요?"

E. 5단계: 당신이 앞으로 책임질 수 있도록 도움을 요청하라.: "앞으로도 내가 이렇게 당신에게 상처를 주는 일이 있을 때 내가 책임질 수 있도록 나에게 말해주겠어요?"

F. 6단계: 아직 다루지 못한 다른 상처가 더 있는지 물어보라 "내가 당신에게 상처를 줬는데 아직 바로잡지 못한 일이 더 있나요?"

제 6 장

13. **매일 "환경에 미친 영향 조사"를 하고, 6분 기도를 실천하십시오.** (눈을 뜬 채로, 얼굴을 마주하고, 서로의 눈을 바라보며 하십시오.)

    A. 당신이 배우자에게 미친 영향을 점검하십시오
    B. 두 사람 다 감사의 기도를 하십시오.
    C. 두 사람 다 상대방을 축복하는 기도를 하십시오.

제 7 장

14. 앞으로의 삶을 위한 부부 관계 언약서를 작성하십시오. 다음 두 가지 질문에 답하는 내용을 담은 부부 관계 언약서를 만드십시오.
 * 우리 부부는 함께 있을 때, 서로를 어떻게 대하고 싶은가?
 * 우리 중 한 사람 또는 둘 다가 합의한 언약을 위반하고 서로를 잘못 대했을 때, 우리의 관계를 회복하고 부부 관계 언약을 재확립하기 위해 어떤 대면의 과정을 따를 것인가?

저와 잰이 이 간단한 전략들을 배우고 정기적으로 적용하기 시작했을 때, 우리는 모든 부부 갈등을 5분 이내에 해결할 수 있다는 것을 알게 되었습니다. 하나님은 사람을 차별하지 않으시는 분이심을 압니다. 우리 부부에게 하신 일을 여러분에게도 동일하게 행하실 것입니다.

이 책 전체의 핵심은, 삶과 갈등을 배우자의 시각에서 바라보는 법을 배우는 것입니다. 배우자의 마음 속 진짜 감정과 배우자가 경험한 것을 당신이 이해해 주고, 그것이 당신으로 인해 발생한 것이건 아니건 배우자의 고통에 대해 진정으로 공감을 표현할 때 갈등이 빠르게 해결됩니다. 이러한 목적을 위해 남편과 아내가 실천하도록 다섯 가지 전략이 설계된 것입니다. 만약 여러분이 이 전략들을 단순한 공식이나 해치워야 될 다섯 항목의 체크 리스트로 여기는 것이 아니라, 진심 어린 마음으로 실천한다면, 여러분 또한 모든 부부 갈등을 일관되게 5분 이내에 해결할 수 있게 될 것입니다.

부록

저자에 관하여

　　크레그 힐(Craig Hill)은 기독교 사역 단체인 Family Foundations International (FFI 국제가정사역원)의 창설자입니다. FFI는 가정과 재정에 있어서의 성경적인 기초 원리를 회복함으로 개인과 가정, 사업체, 교회가 영향력 있는 사람들이 되고, 여러 세대에 걸쳐 하나님의 영적인 유산을 세울 수 있도록 돕는 일에 헌신된 단체입니다. 크레그 힐은 본인의 집 대출금을 포함한 모든 가정의 빚을 3년만에 100% 다 갚았던 경험을 바탕으로 많은 가정이 빚 문제를 해결하고, 하나님이 주신 부를 관리하고, 우리 자녀와 손주들이 집을 사기 위해 은행에서 돈을 빌리지 않아도 되도록 돕는 일에 있어 전문가가 되었습니다.

　　그는 영감을 주는 리더이고 많은 국제적 집회에서 초청받는 강사이며 사람들을 훈련시키고 코칭하는 사람입니다. 그는 시드 로스(Sid Roth)의 "It's supernatural TV" 방송에 자주 초청받는 강사이고, 매주 자신의 TV 방송인 "Ancient paths with Craig Hill(크레그 힐과 함께 하는 고대의 길)"을 운영하기도 했고 이 방송은 미국 "Daystar", "CNN", "Angel Cable networks"에도 방송되었습니다. 그가 훈련시킨 FFI의 사역 팀이 전 세계 50개국 이상 나라에서 영구적으로 사역하고 있으며 이 사역팀들은 매년 2500개 이상의 주말 세미나를 운영하고 있습니다. 그는 베스트 셀러인 『96%의 사람들이 모르는 다섯 가지 부의 비결』, 『하나님의 언어로 자녀를 축복하라』등을 포함한 15권의 책을 저술했습니다.

그는 칼레톤 대학(Carleton college)에서 지질학과 러시아어로 학사 학위를 받았고, 시카고 대학에서 M.B.A를 받았습니다. 1977년 잰과 결혼했고 장성한 아들 둘과 세 명의 손주를 두고 있습니다.

그의 다른 저서로는 『그리스도인의 재정 원칙』, 『가정 축복의 길』, 『개는 없이 벼룩만 두 마리』, 『하나님의 뜻과 언약의 힘』, 『결혼, 언약인가 계약인가?』 등이 있습니다.

www.craighill.org에서 그를 만나 보실 수 있습니다.

제가 매일 영상으로 나누는 묵상 시리즈, "크레그 힐과 함께 하는 매일의 신령과 진리" 들어보셨나요?

이것은 5~6분의 짧은 영상으로 제가 그 날의 성경 구절을 읽고, 3~5분 정도 그 구절에 대한 짧은 나눔을 하고, 영상을 보는 분들을 위해 기도하는 것으로 마치는 영상입니다. 이 묵상 영상을 통해 매일 하나님과 동행하는데 도움을 받기 원하시면 다음 내용을 참고하십시오.

한글 자막 영상을 보시려면:
유튜브와 인스타그램에서 '가정회복운동' 계정에서 묵상 영상을 보실 수 있습니다.
- 유튜브 https://youtube.com/@familyrestorationmovement
- 인스타그램 https://www.instagram.com/family.restoration.movement/

영어로 된 영상을 보시려면 www.dailyspiritandtruth.com에 가셔서 이메일 주소를 입력하시면 메일 이메일로 이 영상을 받아 보실 수 있습니다.
to sign up today!

Craig Hill

Family Foundations International
(FFI 국제가정사역원)

　　FFI(국제가정사역원)는 개인과 부부, 가정이 하나님이 주신 삶의 목적을 성취하고 지역 사회에서 영향력 미치는 사람이 되도록 돕는 일에 헌신된 단체입니다. 그 일을 하기 위해 저희는 삶을 변화시키는 9가지 주말 세미나 (저희는 그것을 '고대의 길 체험'이라고 부릅니다)를 진행하는 사람들을 훈련시킵니다. 이 세미나들을 통해서 성령님은 사람들의 마음에서 그들을 파괴하고 제한하고 평생 무의식적으로 그들을 괴롭히는 신념과 감정적 거짓말을 발견하게 하시고 제거하십니다.

　　FFI의 주말 세미나 (고대의 길 체험)에 참여했던 많은 사람들은 이 세미나를 통해 그들이 오랫동안 찾고 있었던 돌파의 열쇠를 찾았고, 그래서 그들의 삶의 목적에 있어, 감정적인 안녕에 있어, 부부 관계와 가정의 재정과 직업 생활에 있어 앞으로 전진해 나가게 되었다고 고백합니다.

　　FFI는 크레그와 잰 힐(Craig & Jan Hill)이 1996년에 창설했고 현재 전 세계 50개국 이상의 나라에서 영구적으로 사역하는 FFI팀들이 매년 2500개 이상의 주말 세미나(고대의 길 체험)를 열고 있습니다.

저희는 전 세계의 여러 기독교 교단의 수 천 개의 교회와 기독교 단체에서 사역 팀을 훈련시켰습니다. 세미나에 관한 더 많은 정보를 보시려면,

영어권 세미나 정보: www.craighill.org

FFI(국제가정사역원) 한국지부
한국어권 세미나 정보:
네이버 카페: http://cafe.naver.com/ffikor
또는 네이버 카페에서 〈FFI 국제가정사역원 한국지부〉를 검색하시면 FFI 한국지부와 세미나에 관한 정보를 보실 수 있습니다.

FFI 자료 번역, 행정 간사 김민희
이메일: minirubykim@gmail.com

FFI 세미나와 훈련

다음은 여러분의 삶에 하나님의 축복의 고대의 길을 회복하는 세미나입니다. FFI의 세미나는 여러분이 결코 잊지 못 할 중요한 인생의 경험이 될 것입니다.

A. 세미나

1. BG (Blessing Generations) 가정축복 세미나

가정축복(BG) 세미나는 인생에서 축복받아야 되는 7 번의 중요한 때에 대한 강의를 듣고 소그룹을 하는 세미나입니다. 이 12 시간짜리 세미나에서 참석자는 우리가 성공할 수 있도록 힘을 실어주는 아주 중요한 요소인 축복에 대해 배우고 축복을 경험하게 됩니다. 여러분, 이 세미나에 오셔서 축복에 대해 배우고 축복을 받아 형통하는 삶을 사십시오. 이 세미나에서 다루는 주제:

- 우리 삶에서 축복 받아야 되는 7 번의 중요한 때
- 축복의 결핍으로 인해 생기는 결과
- 하나님 아버지로부터 축복 받기
- 당신의 이름의 힘과 축복

2. ER(Empowering Relationships) 관계강화 세미나

관계강화 (ER) 세미나는 관계에 관한 강의를 듣고 소그룹을 하는 12시간짜리 세미나입니다. 이 세미나에서 다루는 주제:

- 주제적 의사소통과 관계적 의사소통
- 파괴적인 태도와 습관, 행동과의 전투에서 승리하기
- 관계를 손상시키는 근본 원인을 찾아 제거하기
- 8가지의 부정적인 패턴을 이해하고 끊기

3. OA (Overcoming Anger) 분노극복 세미나

분노극복(OA) 세미나는 분노의 원인을 설명해주며 분노와 여러 강박적인 습관에 대한 성경적이고 실제적인 해결책을 제시해 주는 세미나입니다. 이 세미나에서 다루는 주제:

- 분노의 싸이클
- 왜 나는 하고 싶지 않은 것을 하는가?
- 분노와 좌절감의 진짜 이유 찾아내기
- 다른 사람들과 삶의 상황이 내 삶을 지배하는 영향력을 제거하기
- 분노를 극복하기 위한 주요한 3단계

4. FF(Financial Foundation) 재정의 기초 세미나

재정의 기초(FF) 세미나는 여러 다른 경제 세미나, 기독교적 재정 세미나와 다릅니다. 이 세미나에서는 재정에 관한 실제적인 정보

만 주는 것이 아니라 크레그 힐이 재정에 관해 성경적으로 기름부음 있게 강의하면서 재정을 성경과 마음의 관점에서 다룹니다. (마 6:21) 이 세미나에서 다루는 주제:

- 부와 재물과 돈의 차이
- "맘몬"이란 무엇인가?
- 빚 문제를 해결할 체계적인 방법 배우기
- 돈의 5 가지 성경적인 사용법 배우기
- 재정에 있어 하나님의 축복을 풀어내는 방법 배우기

B. 훈련

1. TFM (Training for ministries) 사역 훈련 과정

TFM은 FFI(국제가정사역원) 사역에서 리더(FFI 세미나에서 소그룹을 인도하는 퍼실리테이터, FFI 세미나를 여는 코디네이터)가 될 사람들이 사람들의 문제를 잘 파악하고 소그룹에서 효과적인 기도 사역을 할 수 있도록 집중 훈련 받는 과정입니다.

TFM은 FFI(국제가정사역원)에서 적어도 한 세미나에 참석한 사람이 할 수 있는 과정입니다. TFM에서 다루는 주제:

- 권위와 리더십
- FFI(국제가정사역원) 사역의 철학
- FFI(국제가정사역원)의 사역 방법
- 수치심을 다루는 사역해 주기

- 축복해 주는 방법
- 견고한 진 파악하기

2. SOM (School of Ministry) 사역 훈련 학교

SOMFT퍼실리테이터 훈련학교/ SOMCT 코디네이터 훈련학교는 FFI(국제가정사역원)에서 퍼실리테이터(FFI의 세미나에서 소그룹을 인도하는 사람)와 코디네이터(FFI의 세미나를 여는 사람)가 될 사람들을 훈련하는 집중 훈련학교입니다.

크래그 힐의 저서

다섯 가지 부의 비결
(FIVE WEALTH SECRETS)

96%의 사람들이 모르는 『다섯 가지 부의 비결』. '여러 항아리를 사용하라', '비전에 집중하라', '배가되는 것에 투자하라', '배가시키는 사람에게 투자하라', '경제 사이클을 예상하라', '두 세대에게 유산을 남기라' 등을 주제로 부의 비결을 소개한다.

크래그 힐 지음 김민희 옮김 | 하늘양식 펴냄 | 2013

가정 축복의 길 (The Ancient Paths)

『가정 축복의 길』은 크게 6장으로 구성된 책이다. '축복의 길이 어디에 있는지 물어보라', '정체성과 목적', '축복과 저주', '문화의 관습들을 통한 하나님의 축복', '하나님께서 주신 축복의 길을 버림', '두려움과 우상 숭배' 등을 주제로 한 글을 담고 있다.

크래그 힐 지음 김지영 옮김 | 하늘양식 펴냄 | 2013

그리스도인의 재정 원칙
(Wealth, Riches, and Money)

부(Wealth)와 재물(Riches)과 돈(Money)의 의미를 구분하고 그 이면에 존재하는 영적 흐름과 하나님의 사람이 제일 먼저 승리해야 할 영역인 동시에 가장 취약한 '소유와 돈' 문제를 하나님 나라의 관점으로 접근한다.

크래그 힐, 얼 피츠 지음 | 예수전도단 펴냄 | 2015

하나님의 언어로 자녀를 축복하라
(The Power of a Parent's Blessing)

저자는 각 가정에 '축복의 문화'가 회복되어 '축복의 전통'이 세워지길 강하게 도전한다. 때로는 무분별할 정도로 사랑을 쏟아 부으면서 지쳐있는 부모들에게 이젠 하나님의 언어로 자녀를 축복해보라는 것이다.

크래그 힐 지음 김진선 옮김 | 토기장이 펴냄 | 2015

결혼 : 언약인가, 계약인가?
(Marriage:Covenant or Contract)

이혼의 싸이클 때문에 기독교인 가정과 부부관계도 파괴되고 있다. 원인은 성경적인 언약의 가치관을 세속적인 계약의 가치관으로 교환해 버렸기 때문이다.
크래그 힐은 기독교인 결혼에 있어서 하나님이 위탁하신 언약의 가치관으로 들어감으로 성경적인 가정 회복의 문을 열 수 있는 열쇠를 제공하고 있다.

크래그 힐 지음 김민희 옮김 | 하늘양식 펴냄 | 2017

개는 없이 벼룩만 두 마리
(TWO FLEAS AND NO DOG)

개는 없이 벼룩만 두 마리는 여러분이 결혼 생활에서 항상 소망하는 만족감과 안정감을 얻고 스트레스 없는 가정을 이룰수 있도록 언약, 의사소통, 갈등 해결 이 세 가지 열쇠를 알려주는 크래그 힐의 실제 적인 책 이다.

크래그 힐 지음 김민희 옮김 | 하늘양식 펴냄 | 2017

모든 부부 갈등 5분 내로 해결하기

2025년 10월 24일 초판 발행

지은이	크래그 힐 (GRAIG HILL)
옮긴이	김민희
펴낸이	권영석
펴낸곳	기독서원 하늘양식
출판등록	제 2-4761호 (2007. 11. 28)
전 화	02) 2277-1424
팩 스	02) 2277-1947
E-mail	koprint@hanmail.net
찍은곳	고려문화사
전 화	02) 2277-1424

ISBN 978-89-94542-36-2

정가 15,000원

※ 본 저서의 한국어판 발행권은 저자와의 협약에 의하여 기독서원 하늘양식에 있습니다. 잘못된 책은 바꾸어 드립니다.